À l'ombre de la cité Rimbaud

Halimata Fofana

À l'ombre de la cité Rimbaud

éditions du
ROCHER

La première édition de cet ouvrage a été publiée
par les éditions du Rocher en 2022.

Éditions du Rocher – Litos
28, rue Comte Félix Gastaldi – BP 521 – 98015 Monaco

www.editionslitos.fr

ISBN : 978-2-38506-066-4
EAN epub : 9782268107981

À mes parents et à Céline Dion.

« La femme a le droit de prétendre
à la même indépendance que
l'homme. »

GANDHI

Une deux, une deux, une deux, une deux, une deux, une deux, une deux, une deux. Dans la classe, les enfants tapent du pied à l'unisson. Depuis le couloir où je patiente près de mon père, j'entends un faisceau de voix qui jaillit :

Dans la troupe, y a pas d'jambe de bois
Y'a des nouilles, mais ça n'se voit pas !
La meilleure façon de marcher
C'est encore la nôtre
C'est de mettre un pied d'vant l'autre et d'recommencer !
Une deux, une deux, une deux, une deux.

J'entrevois deux garçons qui imitent la démarche militaire en montant les genoux jusqu'à la taille. Trois fillettes, assises, applaudissent en rythme.

Comme tous les matins, la maîtresse nous accueille l'un après l'autre. J'accroche mon anorak au portemanteau. Je m'y arrête un instant pour montrer à mon père le dessin que j'ai réalisé. C'est si rare qu'il puisse m'accompagner et venir me chercher. J'ai peint mon père, ma sœur, mes frères et ma mère avec son gros ventre. On m'a dit qu'il y a un bébé dedans. Je pose mon doigt sur mon dessin pour que mon père le regarde, mais il est absorbé par tout autre chose, il a l'air ailleurs.

Désormais je le sais : mon père est et a toujours été préoccupé par son quotidien. Je devrais plutôt dire par notre quotidien. Nous nourrir et faire en sorte qu'on ne manque de rien matériellement, ne pas perdre son emploi. Aujourd'hui, moi, Maya, devenue une femme, j'ai compris les raisons qui ont poussé mes parents à nous « élever » ainsi. Avec le temps, j'ai appris à aimer cet homme qui est mon père.

On est jeudi matin et les écoliers se remémorent la chanson apprise hier au centre de loisirs. La maîtresse leur demande d'arrêter de chanter. Je viens d'entrer dans la classe, poussée par mon père. Le rituel peut commencer :

— Bonjour jeune fille. Comment vas-tu ? entonnent les enfants.

Je ne réponds pas et je regarde mes pieds.

— On va chanter la chanson de bienvenue.

Je souris, tandis que mon père quitte la classe. Je m'en suis à peine aperçue.

— Allez, les enfants. Tous ensemble.

J'ai un nom, un prénom,
Deux yeux, un nez, un menton.
Dis-moi vite ton prénom
Pour poursuivre la chanson.

La joie me transporte. Ça va être à moi. Tous ensemble :

— Tu t'appelles ?

— MAYA.

Les bras levés au ciel, ils répondent :

— Bienvenue, Maya.

Ainsi accueillie, je cours dans les bras de ma maîtresse, Clémence. Pour lui dire bonjour, je lui fais un bisou. Je la regarde et je la trouve très belle, très intelligente. Elle sait beaucoup de choses. Elle nous lit des histoires et nous apprend des chansons et des poésies.

Elle me sourit, puis retourne à la porte pour accueillir d'autres enfants. Je m'accroche à sa main.

— Allez, Maya, va jouer avec les autres.

— J'ai pas envie.

— Lâche-moi la main.

— J'ai mal à la tête.

Clémence se penche vers moi et pose la main sur mon front, délicatement, puis interpelle les enfants dans la classe :

— Faites moins de bruit, Maya a mal à la tête.

Je vais m'asseoir sur un banc et j'observe mes camarades jusqu'à ce que Ashley arrive. Ashley est mon amie.

J'ai toujours beaucoup aimé ce prénom qui me semblait si exotique et original. Ashley un prénom qui fait penser à l'Amérique et donc à une terre où tout est possible. Plus tard, j'ai su que ce prénom avait été choisi par ses parents en référence aux *Feux de l'amour*…

Elle me montre sa nouvelle robe.

— Tu as vu comme elle tourne ?

Je lui fais signe que oui. Puis je regarde mes pieds. Des bottes fourrées marron. Je porte des après-ski, alors que nous sommes en mai. Je ne les aime pas. Ce matin, ma mère m'a obligée à les enfiler. Une voisine nous a donné un sac poubelle plein de vieux vêtements ayant appartenu à ses enfants qui n'en voulaient plus.

À cinq ans, je n'avais pas encore compris que ma famille suscitait donc la pitié, mais je ne voulais pas les porter. Je les trouvais laids et usés. Je percevais bien la différence avec mes autres camarades et vivais cela comme une injustice. Ma sœur Machèle, qui a un an de moins et dont je suis très proche, les a aussi récupérés, mais elle ne s'en est jamais plaint. Elle voit toujours la vie de manière positive. Je m'accroche à elle, à son rire dès que je suis mélancolique. Avec mes petits frères, on ne se parle pas : dans le foyer, les garçons et les filles ne se mélangent pas. Cela, je l'ai intégré.

Aujourd'hui, devant Ashley, j'ai le sentiment d'être *franchement vilaine*, donc je répète :

— J'ai mal à la tête. La maîtresse a demandé qu'on fasse moins de bruit.

J'espère qu'Ashley n'a pas remarqué mes bottes. J'ai envie de les enlever.

— Ton jogging est très joli, me dit-elle. Rose comme ma robe. On est des princesses toutes les deux.

Ashley est vraiment une amie.

J'envie la liberté des vieux. Pour moi, on est vieux après trente ans, car je ne sais pas compter au-delà. Être vieux, c'est pouvoir choisir sa vie. Être enfant, c'est faire ce que l'on attend de vous.

Il y a toujours du monde à la maison. Tonton Habib est encore là. Je l'entends évoquer l'Afrique. Je n'y suis jamais allée, mais on parle beaucoup, chez nous, de ce pays que je ne connais pas. Peut-être qu'un jour j'irai !

— Je déteste l'Afrique.

— Frère, parle pas comme ça devant les femmes et les enfants.

Me voilà de nouveau perçue comme une enfant, alors que tant de fois on attend de moi que je réalise des tâches d'adultes. Longtemps, je chercherai ma place.

— Comment veux-tu que nos enfants acceptent d'y retourner ?

Il n'y a pas longtemps, ma mère m'a dit que tonton Habib n'est pas le frère de Papa. Ce sont juste des amis, mais je dois l'appeler « tonton ». En grandissant, j'ai compris que l'emploi de « frères ou sœurs » n'implique pas un lien de sang, mais renvoie à l'affection que l'on a pour l'autre. Parfois, c'est juste la religion ou la couleur de peau qui nous unit, alors on devient également frères et sœurs.

— Je déteste les Africains, mais pas le continent. À l'inverse des autres.

— Quels autres ?

— Lorsque l'on voit tous ces milliards qui disparaissent des caisses de l'État, on est dégoûté. Lorsque l'on voit ces politiques faire de la politique uniquement pour s'enrichir, on est dégoûté. La pauvreté est encore bien présente au Mali. On est dégoûté. On a vu des politiques devenir riches du jour au lendemain, construire des villas immenses et maintenir le peuple dans la pauvreté.

Je les ai écoutés des après-midi entières sans dire un mot et sans comprendre ces conversations qui se répétaient souvent.

— On est écœuré. Et pourtant on y a cru. On pensait que le changement de régime politique apporterait une amélioration de la vie pour tous les Maliens... Eh bien non ! Des personnes incultes ont gagné le pouvoir et ont installé des imbéciles heureux. On a fait croire que tout le monde pouvait être ministre, conseiller, ambassadeur. Et maintenant, tous le croient. On revendique son fauteuil uniquement afin de pouvoir se faire construire des maisons. Une ne suffit plus : il en faut plusieurs pour être remarqué, pour devenir quelqu'un d'important. Je suis écœuré.

Maintenant, nos jeunes ne croient plus à l'instruction. La question serait plutôt : avez-vous cru un jour à l'instruction ? On dit chez nous que mieux vaut avoir le bras long que des diplômes ! Voilà les conséquences directes de la médiocrité imposée par l'élite politique.

La jeunesse ne croit plus en rien hormis à la réussite ostentatoire, rapide. Tout doit aller très vite, les études prennent trop de temps. L'argent doit s'acquérir par malice et non plus par le mérite.

— Qu'est-ce que tu veux que je te dise, frère ? C'est fonder une famille qui est le plus important ! On est ici sur terre pour se marier, faire des enfants et transmettre nos traditions. Le reste, ce sont des foutaises !

En écoutant mon père, je me mets à imaginer mon futur, l'organisation de ma vie de famille, les tâches ménagères, les factures à payer, « l'éducation » des enfants que j'aurai… Je me projette dans ce qu'énonce mon père, et dans ce que je perçois des miens, leur quotidien se résumant à cela. Plus tard, je comprendrai la colère de mon oncle, cette question de la corruption évidemment centrale, ce grand gaspillage organisé à toutes les échelles du pouvoir, et dont les premières victimes sont les Maliens… et la paix. Et je choisirai les études qui libèrent, j'aspirerai à un autre avenir que celui de ma mère. À six ans, je n'ai pas encore la maturité, bien sûr, pas d'esprit critique, et j'« adhère » à ce que je vois. J'ignore d'ailleurs que ma famille est dysfonctionnelle alors qu'il m'arrive d'endosser un rôle et des responsabilités qui ne sont pas de mon âge. Il me faudra souvent jouer les parents auprès des plus petits, veiller aux devoirs, les changer, les faire manger, devenir traducteur lorsque nos parents ont rendez-vous avec un enseignant et sont confrontés à cette barrière de la langue, barrière de la honte… Déjà un peu adulte dans un corps d'enfant.

La jeunesse ne croit plus en rien hormis à la jouissance ostentatoire, rapide. Tout doit aller très vite. Les études prennent trop de temps. L'argent doit s'acquérir par malice et non plus par le mérite.

— Qu'est-ce que tu veux que je te dise, frère ? C'est fonder une famille qui est le plus important. On est ici sur terre pour se marier, faire des enfants et transmettre nos traditions. Le reste, ce sont des fantaisies !

En écoutant mon père, je me mets à imaginer mon futur. L'organisation de ma vie de famille, les tâches ménagères, les factures à payer, « l'éducation » des enfants que j'aurai... Je me projette dans ce futur comme mon père, prenant ce que je perçois des miens, leur quotidien se résumant à cela. Plus tard, je comprendrai la colère de mon oncle, cette question de la corruption évidemment centrale, ce grand gaspillage organisé à toutes les échelles du pouvoir et dont les premières victimes sont les Maliens... et la paix. Et je choisirai les études qui m'ouvriront l'esprit à un autre avenir que celui de ma société. À dix ans, je n'ai pas encore la maturité, bien sûr, ni l'esprit critique, et j'adhère à ce que je vois. J'ignore d'ailleurs que ma famille est dysfonctionnelle alors qu'il m'arrive d'endosser un rôle et des responsabilités qui ne sont pas de mon âge. Il me faudra souvent jouer les parents auprès des plus petits, veiller sur eux, les chouchouter, les faire manger, devenir traducteur lorsque mes parents ont rendez-vous avec un enseignant et sont confrontés à cette barrière de la langue, barrière de la honte... Déjà un peu adulte dans un corps d'enfant.

Entre mes mains, un prospectus devient un cadeau immense. Chaque fois, je l'accueille avec le même sourire. Et avec la même précipitation je cours chercher un stylo, qui doit être bleu ou noir, car on ne signe un chèque qu'avec ces deux couleurs. Je choisis toujours le noir parce qu'à l'école les élèves écrivent en bleu. Le noir est la couleur des adultes. Je m'assois sur mon lit et coche tous les produits dont j'aurais besoin. Je me projette encore une fois dans ma vie de femme. Je me sens vraie. Alors qu'avec les garçons et les filles qui sont à la maternelle, je simule. Je feins l'amusement, le jeu et l'émerveillement. Mais rien ne me fascine. Je fais semblant d'être une petite fille.

Le seul moment où je suis moi-même, c'est lorsque je me retrouve seule. Pendant la récréation, je m'installe sur un banc et rêvasse. Souvent, on me demande de jouer avec les autres, mais je n'en ai pas envie. La récréation terminée, je retourne en classe et m'assois à côté de mon amie Ashley. Comme Ashley dessine bien, j'essaie de copier ce qu'elle fait, et nous nous retrouvons avec le même dessin. L'institutrice nous sourit et nous demande de recommencer. Je m'exécute. Je voudrais que ma maîtresse m'adopte. Je voudrais être sa fille. Peut-être qu'on peut attraper une maman avec un dessin.

À 16 heures, les élèves sortent de la classe. La petite fille de la maîtresse arrive et saute dans les bras de sa mère. La maîtresse me demande d'aller sous le préau, car les parents vont s'impatienter. Je remets mes après-ski. Puis mon anorak. Dans une poche, je récupère mon bonnet que je n'aime pas. Mon bras se faufile dans la manche gauche. Il faut recommencer. Il faut que le bras droit entre en premier dans le manteau. Je cherche à gagner du temps. Les minutes défilent, ainsi que les enfants des autres classes. Clémence me demande encore une fois de descendre. Cette fois, je m'exécute. Il ne faut surtout pas perdre son amour.

Mes camarades sont assis sur les bancs et ils chantent en chœur :

C'est l'heure des mamans.
Préparez-vous les enfants.
Il faut mettre les habits.
L'école est finie…

Je n'aime pas cette chanson. Je voudrais que l'école ne s'arrête jamais.

Je m'assieds. Les parents arrivent. Les uns après les autres, les enfants rentrent chez eux. Des papas demandent si la journée s'est bien passée. Des mamans ont apporté des pains au chocolat. Mes yeux s'écarquillent devant cette douceur, puis je les ferme et m'imagine à la place d'Ashley. Sa maman vient la chercher à l'heure, avec un goûter. Quand j'ouvre les yeux, nous ne sommes plus que deux. Un garçon et moi.

On m'a encore oubliée.

Depuis ma première année à l'école maternelle, on vient toujours me chercher en retard.

Les maîtresses disparaissent et laissent place aux animateurs, que je connais bien. Malik me fait signe de le rejoindre. Il pose sa main sur ma tête et me sourit.

Vers 17 h 15, mon père arrive. Il n'a pas besoin de parler ni de me faire signe. Je cours vers lui.

Toute l'école sait que je suis toujours la dernière à partir.

— Allez, on y va ! me dit-il.

Je le regarde, il m'a l'air immense. Il porte un manteau noir et un bonnet, et moi des chaussures d'hiver alors qu'on est presque en été… Sur le chemin, mon père regarde devant lui et ne me parle pas. Pas un mot, pas une seule question sur ma journée. Il jette un coup d'œil sur sa droite juste au moment de traverser la rue pour éviter que je me retrouve sous une voiture, ça serait regrettable qu'il ne s'en aperçoive pas.

Chez moi, on me donne un yaourt et un morceau de pain avec du beurre et de la confiture. Je bois une mixture orange. Je demande à aller jouer dehors. Mes parents acceptent uniquement si je sors avec ma petite sœur Machèle.

Nous traversons la zone des grands immeubles et nous courons chez Ashley. Elle habite dans un petit immeuble où il n'y a pas d'ascenseur. Chez moi, il y en a deux. C'est vrai qu'ils ne fonctionnent jamais en même temps, mais il y en a toujours au moins un qui marche. J'habite au treizième étage alors qu'Ashley habite au premier. Dans le hall de son immeuble, ça sent bon ; dans le mien, il y a toujours une odeur de pipi. Et toujours des ados dans les escaliers, qui restent assis toute la journée et même la nuit. Nous montons à l'étage et nous retrouvons face à la maman d'Ashley. Elle nous propose d'entrer. C'est la première fois que je vais chez une amie. Ashley court vers moi. Elle me prend par la main pour me conduire dans sa chambre. Machèle nous suit avec de grands yeux. Une chambre immense, pour elle toute seule. Il y a tellement de jouets que je ne peux les compter en une seule fois. Elle a aussi un grand lit rose avec des draps blancs brodés. Moi, je partage ma chambre avec ma sœur, et nous avons des lits superposés. Je n'ose rien toucher de peur de casser quelque chose. Je regarde. Je n'ai pas beaucoup de jouets, mais je possède une poupée très jolie. Je pourrais aussi la montrer à Ashley ! Je me sens chanceuse d'avoir Ashley pour amie. Son père arrive, l'embrasse, puis m'embrasse à mon tour. Je me sens honorée. Je le choisis. Il sera aussi mon papa.

Je veux rester. La beauté des lieux m'envoûte. J'aimerais tellement que ma famille sache qu'il y a, dans ce monde, des endroits aussi exceptionnels.

Dans mon immeuble, j'ai un ami. Un garçon. Il s'appelle Jean-Rémi. Comme moi, il aime le vieux tourniquet au pied des tours. Ma mère tolère cette amitié, car je suis encore jeune, mais je sens déjà que fréquenter les garçons va poser un problème, même si je ne comprends pas encore pourquoi.

Un mercredi après-midi, alors que nous jouons ensemble, mon ventre se met à gargouiller. Il est 16 heures, l'heure du goûter. Pour rien au monde, je ne sauterais cette pause sucrée. J'invite Jean-Rémi à partager mon repas préféré. Je frappe à la porte et ma mère m'ouvre. Elle hésite, puis nous fait entrer et nous offre même des dattes et des biscuits. Je crois que ma mère voulait préserver les apparences, même si elle n'était pas très à l'aise et craignait le retour du patriarche. Soudain, le voilà qui rentre. Il hurle que je ne dois pas jouer avec un garçon, encore moins l'amener à la maison.

Séchant mes pleurs, j'observe mon père et ma mère. Elle se tait mais renvoie Jean-Rémi chez lui. Plus tard, dans la soirée, ma mère aussi m'a grondée.

— Maya, c'est la première et la dernière fois que tu amènes un garçon à la maison. Tu n'es pas bien !

Les filles jouent avec les filles, et les garçons jouent avec les garçons.

Ma mère me regarde. Je vois des postillons sortir de la bouche de mon père. J'ai posé mes mains sur mes oreilles. Je ne voulais plus les entendre. Je ne supportais plus leurs règles qui n'avaient aucun sens pour moi.

— Maya, retire tes mains, rétorque mon père.

D'un coup sec, il m'oblige à obéir.

Je ne voyais pas des parents. Je voyais des étrangers.

Je suis en CE2. Tous les mercredis, avant d'aller à la danse (en cachette…), j'accompagne ma petite sœur Machèle chez l'orthophoniste. Dans la rue, je la prends par la main et je chante :

Il était une bergère
qui allait au marché.
Elle portait sur sa tête
trois pommes dans un panier.
Les pommes faisaient rouli-roula,
les pommes faisaient rouli-roula.
Stop !
Trois pas en avant,
trois pas en arrière,
trois pas sur le côté,
et trois pas de l'autre côté.

Machèle est heureuse de se rendre à sa séance avec sa grande sœur. Des passants nous observent et un grand sourire se dessine sur leur visage. La chanson rythme nos pas jusqu'à l'hôpital.

L'orthophoniste me demande de m'asseoir dans l'entrée. Dès que la porte se referme, j'écoute.

— Comment vas-tu jeune fille ? Ça va ?

— Ouais, ouais, com comp comprrrrrrr comprendre. Non apprrrr apprendre.

— Oui Machèle, apprendre à lire, c'est pour ça que tu es ici.

— J'aime bien l'éc l'écccc l'école. Jjjjjjjjjj'arrive pas mais jjjjjj'essaye tou tou toujours toujours. Les maîtresses disent que je fais des efforts mais jjjjjjjjjj'arrive pas. J'jjjjcomprends pas ce que disent et écrivent au tableau les dames. J'ai mal à la tête. Ma maîtresse y dit qu'on doit m'envoyer voir une ortho, une orthopholisque mais mon père avant disait non parc'que j'étais pas folle. Alors, j'y suis ppppppas allée. Mon père, il pense que c'est les profs qui savent pas me prendre. J'ai pas d'chance. À chaque fois, j'tombe que sur des profs qui savent pas m'prendre. Mon père y dit qu'j'ai pas d'chance.

— Désormais, Machèle, tu vas pouvoir venir ici et tu vas apprendre à lire comme les autres enfants de ton âge.

Elle sourit.

Machèle va commencer ses exercices tandis que je me précipite à mon cours de jazz danse. Je dois me dépêcher et la récupérer à la fin. Heureusement, la salle de danse est juste en face.

Cette année, il y a eu un spectacle à l'occasion de la fête de la musique. J'ai trouvé les grandes qui dansaient tellement belles, avec leurs costumes et leur maquillage, que j'ai voulu en faire moi aussi. À la fin du spectacle, les danseuses ont distribué des bons pour un cours d'essai. J'en ai pris un et l'ai mis dans ma poche. La semaine suivante, je m'y suis rendue. Le professeur m'a alors expliqué que les cours étaient gratuits pour les habitants des trois tours.

Je suis éblouie par la beauté des corps. Chez moi, on doit cacher son corps, surtout quand on est une fille. Je n'en comprends pas les raisons, mais je m'exécute. Ici, c'est tout l'inverse : on le découvre pour mieux l'apprécier, et cela n'a rien de honteux.

Quand j'arrive, le cours a déjà commencé. Mon professeur me fait gentiment les gros yeux. Je baisse la tête et file au fond de la salle pour rattraper mon retard. Je suis douée. En observant une fois un mouvement, je suis en mesure de le reproduire. Le temps s'est arrêté. Je bouge mon corps. Déhanché à droite, puis à gauche. Je lève la jambe, me tiens sur une demi-pointe et tourne d'un côté, puis de l'autre. Je danse pour moi.

C'était jouissif de danser en cachette. Le professeur savait que de nombreux parents refusaient que leur enfant pratique la danse, elle ne nous avait donc pas demandé de certificat médical et avait gardé le secret. Quel risque elle prenait, quand j'y repense ! Mais elle préférait qu'on soit avec elle plutôt que dehors à ne rien faire. Et moi j'ai appris à mentir très jeune. C'était une question de survie. Mentir pour s'octroyer des moments de liberté. Au fil des années, je suis devenue experte en mensonge pour échapper à la vigilance de mes parents. Et comme, souvent, ils préféraient se débarrasser de nous, nous envoyant accompagner un plus petit, nous donnant telle ou telle mission, il était possible de désobéir.

Chez moi, je n'ai jamais l'occasion d'observer mon corps. Ici, face aux grands miroirs, je peux même le trouver joli. Je m'enfuis au moment des étirements pour aller chercher Machèle qui m'attend sagement devant la porte de l'orthophoniste.

Sur le trajet du retour, je chante encore. La musique nous enveloppe, ma sœur et moi, jusqu'à la maison. C'est notre secret à toutes les deux.

Un soir, j'entends une voix qui vient de la télévision du salon. C'est le concert d'une chanteuse que je ne connais pas.

Ma mère éteint le poste et sort de la pièce. Dès qu'elle a le dos tourné, je rallume la télévision.

La voix se déploie :

Et j'écoutais longtemps couler l'eau des fontaines
Et j'écoutais le vent chanter infiniment

Je ne comprends pas ce qui m'arrive. On peut donc pleurer sans être triste... Je trouve la voix très jolie, et pourtant je pleure. Il n'y a pas que les coups qui peuvent faire venir les larmes, peut-être que les belles choses aussi.

Ma mère est revenue dans le salon. Elle me jette un regard noir et m'ordonne d'éteindre la télévision. Juste avant d'obéir, j'attrape un stylo dans ma trousse et j'écris sur ma main le nom de la chanteuse.

Je vais me brosser les dents, je n'utilise que ma main droite. Ce n'est pas facile de se laver les dents ainsi. Je me couche et fredonne la chanson. Je garde la main au-dessus des couvertures pour ne pas effacer l'écriture.

Le lendemain, aussitôt arrivée à l'école, je recopie le nom dans mon cahier avant que l'écriture ne s'efface.

CÉLINE DION

La maîtresse vérifie nos devoirs. Elle arrive vers moi. Je pose une main sur le nom que j'ai écrit.

— Retire ta main, Maya.

Je refuse.

— Maya, que caches-tu sur la page de droite ?

— Rien, maîtresse.

L'institutrice retire d'un coup sec le cahier. Ma main reste à plat sur la table.

Ma maîtresse me demande pourquoi j'ai noté ce nom dans mon cahier du jour.

Je reste muette. J'ai honte. Si j'avais été une blanche, j'aurais été rouge comme une tomate. Heureusement, ma peau noire cache mon malaise.

Les enfants muets sont privés de récréation. Pendant que mes camarades jouent dans la cour, je reste enfermée dans la classe. En cachette, Ashley est venue me retrouver.

— Tu n'es pas trop triste d'être encore punie ?

— Non. Tu as regardé le concert de Céline Dion ?

— Oui, j'aime bien cette chanteuse.

— Moi j'ai regardé que le début. Ma mère m'a dit d'aller me coucher.

— Si tu veux, je peux te prêter la cassette. Ma mère l'a enregistré.

La cloche retentit au moment où je fais oui de la tête.

— Va vite te mettre en rang avec les autres, sinon la maîtresse va te punir.

— J'y vais. Mais… Maya… Pourquoi tu as écrit « Céline Dion » à la place de la date dans ton cahier du jour ?

Je souris.

Il est 11 h 30, j'attends Machèle, puis ensemble nous allons chercher notre petit frère Haroun. Je le prends par la main et nous rentrons à la maison. Le déjeuner n'est pas encore prêt. On patiente dans le salon, devant la grande télévision. Ma mère est fatiguée. Umar, qui n'a qu'un an, n'arrête pas de pleurer et elle attend un autre bébé. Cette fois, ce sera une fille. Nous sommes très contentes, Machèle et moi, mais ça ne semble pas faire plaisir à notre mère. Depuis qu'elle a appris la nouvelle, elle pleure souvent la nuit. Au téléphone avec sa sœur, elle a dit qu'elle avait trop de travail et que c'était dur de s'occuper de tous ces enfants. Elle a même demandé comment ne plus avoir de bébé sans prendre de pilule. Je n'ai pas entendu la réponse. Mais ma mère a fini par dire que Papa la répudierait s'il s'en rendait compte.

Je me dirige vers la cuisine. Elle me montre un bol de riz. Je le prends et l'apporte à table. On prend nos repas dans la salle à manger, car la cuisine est trop petite. Je pose le bol.

— En… en… ccccore du riz.

— Apprends à parler et après tu pourras choisir ce que tu veux manger.

Ma mère quitte la pièce. Machèle lui tire la langue.

— Maman, Machèle t'a tiré la langue quand tu t'es retournée, dit Haroun.

Notre mère jette un regard noir à Machèle, qui ne baisse pas les yeux. Et la gifle tombe.

— Sorcière !

Nous nous installons autour de la table. Aucune assiette ne se ressemble. C'est comme les verres. Il y en a des grands, des petits, des transparents, des bleus, certains sont en plastique, d'autres en verre. Moi, j'aime prendre un grand verre. Ma mère prend une bouteille de Coca-Cola et nous sert généreusement.

Pendant le repas, personne ne parle, on doit manger en silence, les enfants n'ont pas le droit à la parole. Machèle touche à peine au riz et au poulet. À chaque repas, il y a du riz, des pâtes ou des pommes de terre, et de la viande. Parfois, on mange du poisson. Cela dépend des envies de mon père.

De retour à l'école, Ashley m'apporte la cassette. Je veux être seule pour la regarder. Je dois donc la cacher dans le tiroir sous mes petites culottes et attendre le bon moment. Seule Machèle connaît ma cachette. Je lui montre la cassette, mais elle ne semble pas intéressée.

Mon père est plongeur dans un restaurant. Quand j'étais toute petite, je croyais qu'il sautait dans une piscine, mais Clémence, ma maîtresse de maternelle, m'a expliqué le sens de ce mot : mon père fait la vaisselle. C'est bizarre, car il ne la fait jamais à la maison.

Lorsque je me réveille pour aller à l'école, il est déjà parti. Il ne m'accompagne que lorsqu'il ne travaille pas. Ce qui veut dire très rarement. Il rentre en début d'après-midi pour faire une sieste, puis il repart. Durant ce moment, il ne supporte pas le moindre bruit. Une fois, Haroun a sauté sur le lit avec moi. Mon père a bondi et a pris une ceinture pour nous frapper. Ce jour-là, j'ai beaucoup pleuré. Puis, à 17 heures, il retourne travailler jusqu'à 22 heures. À son retour à la maison, nous devons être couchés.

Ma mère est presque transparente. Elle ne parle pas beaucoup. Elle reste à la maison et « s'occupe » de nous. Et de Papa. Elle nous lave, fait la cuisine, le ménage, et passe beaucoup de temps avec Umar, qui est encore un bébé. Ma mère a souvent des bébés.

Un dimanche après-midi, alors que je suis seule avec mon père, je lui demande la permission de regarder la cassette. Mon père accepte, il veut sans doute pouvoir faire sa sieste tranquillement dans sa chambre, ne pas être dérangé. Le magnétoscope avale le trésor. Je souris et des larmes coulent sur mes joues, mais je les sèche immédiatement. Pleurer est vu comme un signe de faiblesse dans ma famille. Personne ne doit penser que je suis une enfant faible.

Lorsque les chansons sont plus rythmées, je me trémousse sur le canapé. Il ne faudrait pas qu'on me voie! À la fin du concert, je m'approche de l'écran pour embrasser Céline Dion.

Elle sera ma marraine. Je le décrète.

Ashley et Jean-Rémi ont une marraine. Chez moi, ça n'existe pas. Céline Dion sera ma marraine, chargée de veiller sur moi et de me guider. Avec sa voix, elle pourra me consoler. Avec son chant, elle pourra me réconforter.

Je suis heureuse de mon choix.

Aujourd'hui, je suis encore plus mal habillée que d'habitude : un vieux pantalon orange donné par une voisine. Un pull d'une couleur qui oscille entre le bleu et le vert. Des chaussures noires qui ne sont ni vraiment des baskets ni tout à fait des mocassins. Rien dans ma tenue n'est harmonieux. Je me sens moche.

Le matin, je voudrais ne pas m'habiller, ne pas porter les vêtements qu'on me donne, mais ma mère m'y oblige. On n'a pas le choix, on s'habille pour ne pas être nu. Ma mère se fiche de la mode. Il faut faire vite. Elle n'a pas le temps. Il faut qu'on lui obéisse tout de suite.

Machèle, Haroun, Umar, Rahmane et moi devons faire tout ce que nos parents nous demandent. Et ma mère obéit à mon père. Papa est le grand chef! Si on ne l'écoute pas, on a droit à la chicotte mes frères, ma sœur et moi. Et ma maman aussi.

Avant de partir à l'école, je prends des bonbons et les glisse dans mon cartable. Je vais les offrir à mes copines. Ainsi, je vais devenir leur meilleure amie et elles vont beaucoup m'aimer.

Pendant la classe, je rêve. Je rêve d'une autre vie. Je me vois avec deux mamans. Pas de papa. Deux femmes qui m'entourent et qui m'aiment passionnément. La maman d'Ashley et celle de Jean-Rémi seraient parfaites. Celle de Jean-Rémi sent tellement bon. Je respire son odeur dès que je la rencontre. Celle d'Ashley est très belle. Elle porte toujours le même rouge à lèvres. Je suis fière de mes mamans. Je voudrais les montrer à tout le monde.

Je souris jusqu'à l'arrivée de la maîtresse, qui m'ordonne de me mettre au travail. Durant la récréation, je veux attirer son attention, mais elle me demande d'aller jouer plus loin, avec les autres, et me rappelle que je devrais travailler davantage au lieu de faire mon intéressante. La maîtresse menace de convoquer ma mère.

La sonnerie retentit et nous nous mettons en rang. On avance vers la classe. On retire nos manteaux, puis on entre. La maîtresse explique le déroulé de la seconde moitié de la matinée, mais ça ne m'intéresse pas.

Elle nous tourne le dos et je commence à parler avec le garçon qui est devant moi. Il fête bientôt son anniversaire et je veux le convaincre d'inviter des filles. Il refuse, en disant que les filles ne peuvent pas jouer à des jeux de garçons. La maîtresse me gronde et décide de convoquer ma mère pour l'informer de mes bavardages incessants. Elle dit que je perturbe la classe. Ce n'est pourtant pas ma faute. J'ai tellement de choses à dire !

Ma mère rapporte l'incident à mon père. Mon père achète un nouveau martinet, que je vais inaugurer. Tout neuf. Ma mère préfère se servir de celui qui est un peu usé. Quand nous trouvons le martinet, nous arrachons une à une les tiges.

Nos parents se retrouvent avec juste le morceau de bois. Ils tapent pourtant avec ce qu'il leur reste.

Depuis que je suis toute gamine, je m'occupe de mes frères et sœurs. C'est moi l'aînée. Lits, ménage, surveillance, j'ai beaucoup de tâches. Et pour les anniversaires, on me permet de m'y rendre uniquement si j'y vais accompagnée d'une sœur ou d'un frère.

Notre petite sœur est née. Elle s'appelle Ruby. On manque de plus en plus de place, la maison est de plus en plus bruyante.

Je n'arrive pas à faire mes devoirs. Et personne ne peut m'aider. Avec le recul, je me dis que c'est dommage qu'ils n'aient pas profité de la venue d'un enfant pour apprendre. Ils n'ont pas eu cette curiosité, ce courage aussi d'aller voir une association peut-être, de confier leur honte et leur désir de sortir de l'analphabétisme, désir qu'ils n'avaient d'ailleurs pas. Ils m'ont laissée me débrouiller et j'ai fait comme j'ai pu. J'aurais tellement aimé qu'ils regardent mes devoirs, m'expliquent ce que j'ignorais, me fassent réciter, s'intéressent…

J'essaie à mon tour de faire lire Machèle, mais c'est très difficile, car la télévision est constamment allumée.

— Allez, Machèle, lis…
— Non, j'en ai pas envie.
J'abandonne.

Les jours où il n'y a pas d'école, ma mère me réveille vers 9 heures. Je me lève, puis je prépare le petit déjeuner de mes frères et de Machèle. Je prends le mien dans la cuisine. C'est le seul moment de la journée où je me retrouve seule. Ce moment est pour moi une respiration. Je m'imagine vivre ailleurs avec un chien, un labrador. Qu'est-ce que ça fait du bien d'avoir enfin un moment pour soi ! J'aime boire mon lait avec beaucoup de chocolat. Je le fais en cachette, sinon je me fais gronder. Puis Machèle ramasse les bols et les dépose dans l'évier. C'est moi qui m'occupe de la vaisselle. Ma mère me dit qu'il faut me préparer à devenir une bonne épouse.

Je la rejoins et la regarde donner le bain à Ruby. Ma sœur est tellement mignonne. Je voudrais la croquer. Ma mère l'embrasse. Elle a dû aussi me câliner quand j'étais bébé. Peut-être qu'elle nous aime uniquement lorsqu'on vient de naître. Ruby s'endort.

Je sors un livre de mon cartable. Je l'ai pris à la bibliothèque de l'école. Machèle, Haroun et Rahman m'écoutent avec attention. Ils aiment entendre des histoires. Ce sont souvent les mêmes, mais ils adorent.

Les jours d'école, je reprends mes tâches à partir de 16 h 30. Je suis chargée de nettoyer l'appartement.

Je passe le balai, puis je lave le sol. Ma mère inspecte et donne un coup. Il y a de la poussière sous les lits. J'essuie mes yeux, puis je les ferme quelques secondes. Je me mets à chantonner :

Et j'écoutais longtemps couler l'eau des fontaines
Et j'écoutais le vent chanter infiniment

Ma mère me bouscule, je reprends mes tâches. À présent, je déteste faire le ménage, je rechigne, et elle trouve que j'exécute mal les corvées. Elle me répète chaque jour :

— Il faut que tu apprennes à être une bonne maman et une bonne épouse. Sinon, comment vas-tu garder un mari ?

J'ai dix ans et on me prépare déjà à mon futur de femme au foyer. Petite, j'envisageais cela sans me poser de questions, avec une certaine impatience même. Mais aujourd'hui, je n'ai plus envie, je commence à comprendre que ce mode de vie ne rend pas les femmes heureuses. Avant, je voulais moi aussi me marier et faire des enfants, mais est-ce cela vivre ? Renoncer et faire comme les autres, suivre le troupeau à n'importe quel prix ?

Désormais je sais que ma mère est prisonnière d'une éducation qu'elle a reçue, mon père aussi. Ils essaient de faire comme ils peuvent sans avoir aucun autre modèle. Une fois, un enseignant a dit à ma mère qu'il ne fallait pas frapper son enfant. J'étais venue la veille à l'école avec une trace de martinet sur le bras. Je me souviens du désarroi de ma mère, un regard perdu, presque implorant. On lui retirait un modèle d'éducation sans le substituer par un autre. Elle était désarmée, elle ne savait pas qu'il y avait une autre « méthode ». Comment obliger un enfant à obéir sans les coups ? Elle l'ignore encore.

Je retourne dans mes rêves. On m'appelle, mais je n'entends pas. Comme je ne réponds pas, elle me sort de ma torpeur en me frappant, et elle me pince jusqu'à ce que mon corps marque. Je m'enferme dans la salle de bains et pleure.

Je pense à la maman d'Ashley, la maman de Jean-Rémi et ma marraine Céline qui me disent dans mon for intérieur que, moi aussi, j'aurai un avenir meilleur.

Elles sont les trois femmes de ma vie.

Depuis plusieurs jours, ma famille ne cesse d'aller et venir dans l'appartement, les bras chargés de sacs en plastique emplis de tissus, de vêtements, d'ustensiles de cuisine, de serviettes de bain et même de confiseries. Tout le monde s'agite. Un grand événement se prépare au treizième étage de la tour de la résidence Arthur Rimbaud. Ça sonne constamment. Les cousins, les cousines, les oncles, les tantes, les neveux, les nièces, les voisins et les voisines se précipitent pour fêter le grand voyage à venir. On porte des costumes de fête. Le bazin[1] se décline en plusieurs coloris. Les hommes ont parfois des tenues assorties à celles de leurs épouses. J'ouvre la porte et regarde défiler ce monde de toutes les couleurs.

Mes oncles arrivent. Je souris en les voyant. Je les appelle Dupont et Dupond. Comme les jumeaux rigolos dans Tintin ! Ils sont aussi élégants que moi : je porte une tenue en wax[2] de couleur jaune, orange et vert, avec différentes formes géométriques – des losanges, des cercles et quelques triangles. Le tissu est agréable à porter parce qu'il ne gratte pas et qu'il est léger. Celui

1. Tissu en coton damassé teint à la main. Le bazin était fabriqué en Angleterre au XVIIIe siècle. Il est aujourd'hui porté dans toute l'Afrique de l'Ouest.
2. Textile de coton ayant reçu un cirage sur les deux faces.

de ma mère est rigide à cause de l'amidon. Pour éviter qu'il tombe, elle doit ajouter trois pagnes.

Il faut que je ressemble aux petites filles du pays, même si le pantalon que je porte en dessous ne cesse de tomber à mes chevilles. Mes longs cheveux sont brossés en arrière. Je porte un serre-tête. Je suis coquette. Comment peut-il en être autrement? Pour toute ma famille, c'est un grand jour. Nous allons enfin pouvoir retourner au pays!

Les salutations durent une éternité. Chaque fois que quelqu'un entre, il faut prendre des nouvelles de tous les membres de sa famille, sans se tromper dans les noms.

On ne se voit que lorsqu'on part en voyage et pour les mariages ou les décès. Il faut donc rattraper le temps perdu. Toute la famille est éclatée dans la région, et peu de gens ont une voiture. Nous devons nous montrer à la hauteur de nos invités. Une belle cérémonie les attend. Les odeurs des grillades, du poulet qui dore dans le four, les envoûtent. Ma mère a préparé un poulet yassa (riz blanc accompagné d'une sauce marinée aux épices, à la moutarde, au vinaigre et aux oignons). La veille, ma mère et moi avons coupé les oignons, on a eu les yeux en feu toute la journée. Sur la petite table, il y a du Tcheb Djen (riz au poisson). Une amie de ma mère a apporté du mafé (riz blanc accompagné d'une sauce aux arachides). Et pour finir, au dessert, un thiakiry (dessert lacté et onctueux à base de couscous de mil) et des beignets. C'est un festin qui nous attend. Entrez dans ces lieux et vous serez accueillis comme un membre de la famille!

Cela fait près de vingt ans que mes parents ne sont pas retournés au pays. La joie et le soulagement se lisent sur les visages. C'est la tradition : faire des enfants hors du Mali, puis les envoyer là-bas pour créer des liens avec ceux qui sont restés.

J'ai grandi avec ma famille proche. Au Mali, il y a tous les autres membres, les frères et les sœurs de mon père et de ma mère. J'ai aussi mes grands-parents. Chez nous, l'oncle est comme le père, la tante comme la mère. Il n'y a pas de différence entre les parents biologiques et le cercle éloigné. C'est pourquoi j'appelle mes oncles papa et mes tantes maman.

Je comprends aujourd'hui les raisons qui ont poussé mes parents à être si sévères avec nous. Ils devaient prouver à la famille que, malgré la distance, leurs enfants n'avaient pas rompu avec leurs racines, leurs traditions.

Le lendemain, je pars en vacances pour la première fois dans ma famille au Mali. Ravie par ce voyage, j'accepte de prêter ma dînette à ma petite sœur. Habituellement, je refuse catégoriquement. J'ai peu de jouets, donc je veille jalousement sur eux.

Cette matinée est exceptionnelle. Je vais prendre l'avion pour la première fois. Un sentiment de joie m'envahit. Je ris sans raison. J'obéis à mes parents sans rechigner. Je me laisse coiffer alors que, d'ordinaire, ce sont des crises de larmes, et que je fais tout pour échapper à ses mains. Mais cette fois, je laisse ma mère me tresser les cheveux.

En route pour Bamako !

Arrivée à Bamako, je tombe sous le charme de ma tante. C'est une femme très douce dont le rire conquiert l'assemblée. Elle porte avec élégance de jolis boubous. Sa démarche donne l'impression qu'elle défile sur un podium. Son pagne suit les mouvements de son déhanché et laisse apparaître un petit bout de ses cuisses. Pour la première fois, je reçois des câlins, des bisous. Ma mère ne sait pas se montrer affectueuse. Chez elle, la tendresse n'existe pas.

Ma tante m'a accompagnée chez la coiffeuse. J'ai des tresses qui descendent jusqu'aux fesses. Je suis très belle. Je me tourne à gauche, fais tomber mes cheveux sur les yeux, puis d'un coup de main je les retire et souffle.

Ma sœur Machèle me regarde et rit.

— Arrête de faire ta crâneuse, Maya.

Je lui tire la langue.

J'aime avoir les cheveux longs et ressembler aux filles de ma classe. Au spectacle de fin d'année, j'étais la seule avec les cheveux brossés en arrière alors que toutes avaient deux couettes tenues par de gros élastiques jaune et rose.

Mon père me répète régulièrement que je ne suis pas comme les autres. Je ne comprends pas. Je regarde mes bras, mes jambes et mon corps tout entier : il est comme les autres, seuls mes cheveux sont différents ! Quelques jours après notre arrivée, ma tante préférée se rend dans la maisonnée où ma famille et moi séjournons. Lorsque je la vois, je lui saute dans les bras. Elle me dit :

— Aujourd'hui, tu viens te promener avec moi.

Ravie, je me tourne vers ma mère afin d'obtenir son approbation, qu'elle m'accorde aussitôt. Je souris, puis embrasse ma petite sœur avant de m'en aller. Je prends la main de ma tante, lève la tête et marche avec fierté au côté de cette femme que j'aime déjà tant.

J'arrive dans une grande cour intérieure. Adossées aux murs, des petites filles du même âge. Ma tante me fait signe de m'asseoir. J'observe. À ma droite, une petite fille allongée à même le sol, les jambes écartées. Une vieille dame a dans la main gauche un tube qui ressemble à celui d'un dentifrice. Sa main droite forme un poing alors que son index est pointé vers le ciel. Il y a sur ce doigt une pommade blanchâtre. La vieille dame l'applique à l'intérieur du sexe de cette fillette.

Puis l'enfant se lève et je découvre un morceau de pagne taché de sang. La vieille dame me fait signe de venir. « La Française » passe avant tout le monde. C'est donc un privilège. La tante me pousse. On m'ordonne de retirer ma jupe, puis ma culotte. Je m'exécute mais commence à m'inquiéter. La vieille me force à m'allonger sur ce morceau de tissu imbibé de sang. Elle m'écarte les jambes, puis quatre adultes surgissent. Chacun attrape une partie de mon corps. Je suis écartelée.

Le cauchemar débute, l'exciseuse prend un vieux couteau qu'elle a soigneusement caché et attrape mon petit bout, elle le coupe à vif en plusieurs fois, je cherche le regard de ma tante adorée. Elle apparaît, mais pour me tenir la tête afin que je ne bouge plus. L'exciseuse continue de couper mon petit bout et d'autres morceaux. Je rugis de douleur. J'essaye de me débattre, mais je suis tenue par quatre adultes qui me crient dessus.

— Elle n'est pas digne de sa lignée familiale. Elle est censée retenir ses larmes.

Je hurle.

Puis l'exciseuse cesse de couper et pose le couteau. Je pense que la séance de torture a pris fin. Je suis soulagée. L'exciseuse se tourne vers la gauche et prend une petite bouteille contenant un liquide transparent et le jette sur mon sexe. C'est de l'alcool à 90 degrés. Une brûlure intense m'envahit. Ce n'est donc pas fini… L'exciseuse jette une nouvelle fois de l'alcool sur ma chose. Puis la sorcière reprend le couteau afin de terminer les coupures. Elle recommence encore et encore avant d'attraper ce fameux tube de pommade. Elle en met sur son index et l'applique dans mon sexe. À cet instant, je comprends ce qui est arrivé à cette petite fille juste avant moi et ce qui attend toutes celles qui patientent. Elles savent, puisqu'elles ont tout vu, mais sont tétanisées.

Je me redresse. Une enfant s'est allongée sur ce tissu souillé, mais c'est une adulte qui se relève. Dorénavant, je suis morte. Je regarde ma tante. Je lui dis en français :

— Je ne t'aime plus. Je vais le dire à ma mère.

Je marche difficilement, j'écarte les jambes pour éviter le frottement. J'ai mal. Je souffre dans mon cœur et dans ma chair. Je saigne énormément et pleure abondamment. Mes larmes ne cessent de couler.

À plusieurs reprises, je perds l'équilibre. Je suis obligée de tenir la main de ma tante. Nous arrivons.

Ma mère m'observe, me donne à manger et ne me parle pas de l'acte. La tante finit par dire :

— Tout s'est très bien passé.

Je comprends que ma mère sait.

On m'a menti, on m'a manipulée afin que je me souvienne que mon corps est à eux.

La semaine suivante, ma famille et moi retournons en France.

Ça saigne toujours un peu. J'ai mal. Tous les matins, ma mère m'applique de la pommade pour que ma plaie cicatrise. Ça met du temps. Je ne parle à personne de ce qui m'est arrivé. Durant de nombreuses années, je n'ai rien dit, comme si inconsciemment j'avais compris que c'était interdit. Même à mes sœurs, ni sur le moment, ni plus tard, alors que je savais que les plus petites avaient forcément subi le même sort. Longtemps, je n'ai pas réussi à mettre des mots sur cet acte atroce. Longtemps, ma douleur est restée muette.

Je me rends à l'école, toujours avec cette démarche entravée et douloureuse. À la récréation, je ne joue plus. Les faux-semblants ont disparu. Je ne me donne plus la peine de tenir mon rôle d'enfant. J'attends.

Je crois que j'attendais qu'un adulte voie ma souffrance, détecte mon mal-être sans que j'aie à le formuler. Clémence, ma maîtresse de maternelle, que je croise par hasard, s'inquiète de cette nouvelle expression sur mon visage, toujours grave. Elle sent que quelque chose ne va pas, et fait un pas vers moi.

— Ça ne va pas, Maya. Je le vois. Comment ça se passe à la maison avec ta nouvelle petite sœur et tes frères ? Tu n'as pas beaucoup de temps pour toi ?

Je la regarde. Je voudrais lui parler, mais je n'y arrive pas. Peut-être qu'en m'arrachant mon petit bout, la sorcière m'a également arraché un morceau de ma langue. Je me détourne et je rentre chez moi.

— Au revoir, Maya.

Je lui fais un signe de la main. Elle ne peut pas comprendre. Et je sais que je n'ai pas le droit de lui parler. La plupart des adultes ignoreront mon mal, alors je fais de même. Je m'ignore. On ne m'a rien fait. Je n'ai rien subi.

À l'école, nous préparons un spectacle. Je suis tellement contente. En plus, je n'ai presque plus mal. Je peux m'asseoir et même m'accroupir.

La maîtresse nous demande de nous asseoir sur le tapis rouge.

— Cette année, c'est notre classe qui est à l'honneur. Nous allons donc préparer un spectacle de danse, nous dit-elle.

Mes yeux s'écarquillent. Je bouge dans tous les sens. Je suis tellement excitée !

— Écoutez, les enfants ! On doit choisir la chanson sur laquelle on va danser.

J'ai envie de faire pipi, mais je ne me lève pas. Je ne veux rien rater de la préparation du spectacle.

La maîtresse nous propose des chansons, mais personne ne les connaît. Paul a apporté un CD. Il veut que l'on danse sur Will Smith. Les autres copains se dandinent. Tous crient oui, sauf moi.

Quand la maîtresse donne son accord, je me mets à bouder. La maîtresse vient vers moi et me gronde.

— Maya, tout le monde a envie de danser sur cette musique, donc tu dois participer au spectacle avec tes camarades.

Je secoue la tête de droite à gauche.

— Depuis ton retour de vacances, Maya, tu es devenue très têtue.

La maîtresse s'approche et se met à genoux :

— Tu m'inquiètes Maya. Désormais, tu n'es plus attentive à l'école. Tu me réponds, tu te disputes souvent avec tes camarades. Qu'est-ce qui se passe ?

— Rien.

— Maya, il va falloir changer d'attitude si tu veux un bon livret !

— Moi aussi, je veux proposer une chanson.

— Oui, tu peux le faire. Apporte-la demain. Mais qui est la chanteuse ?

— Ma marraine.

Je décide d'accompagner mon père au supermarché. Je me balade dans les rayons et lui prends la main pour le conduire au rayon des jouets. J'adore les poupées. On me dit souvent que je suis trop grande à présent. J'en choisis une et regarde mon père.

— Pose la poupée, Maya.

— Non.

— Je n'ai pas pris assez d'argent pour tout acheter.

J'obéis.

— Papa, la maîtresse a dit qu'il fallait apporter une chanson.

— Une chanson ?

— Oui, c'est obligatoire.

Mon père me suit jusqu'au rayon des CD. Il y a des casques à disposition. Ils sont beaucoup trop hauts pour moi, alors mon père en décroche un et me le tend. La musique ne me plaît pas. Je me tourne à droite, puis à gauche. Et je la vois. J'avance vers elle, un sourire se dessine sur mon visage.

— Papa, c'est celui-là.

Mon père me tend une nouvelle fois les écouteurs. Je les mets sur les oreilles et je savoure :

Chez moi les forêts se balancent…
J'irai où tu iras

Mon père me fait signe. Je ferme les yeux. Il me tire le bras, mais je poursuis l'écoute.

Je l'aime. C'est sur cette chanson que je vais danser, sinon je ne ferai pas le spectacle. Je le supplie, lui promets d'être sage, il finit par l'acheter. Je suis la plus heureuse des petites filles.

Le lendemain, la maîtresse nous fait écouter le morceau que j'ai choisi. Toutes les filles connaissent la chanson et battent des mains en rythme. Elles votent pour ma marraine. Or la classe compte plus de filles que de garçons ! Je suis aux anges. Toutes les semaines, je répète avec entrain, j'attends avec impatience ces instants, où je peux être moi, pleinement, me laisser porter librement par la voix de Céline que j'aime tant. Nous construisons la chorégraphie tous ensemble, pas à pas. Dans mon lit, le soir, je révise les mouvements, je veux la connaître par cœur et être fin prête le jour J. Je n'ai rien dit à mes parents. Je ne les ai pas invités. Pour eux, la danse est obscène, ils n'auraient pas compris, ils auraient été mal à l'aise, choqués et m'auraient punie. Alors je renonce, pourtant j'aurais aimé qu'ils soient fiers de moi, me trouvent douée, se réjouissent de me voir heureuse et passionnée. Cela doit rester un secret. Encore un.

C'est le grand jour. Tous les parents sont présents sauf les miens. Je suis au premier rang, c'est moi qui mène la danse.

Aujourd'hui, je me rends compte à quel point cette enseignante a su insuffler en moi l'envie de me dépasser. Elle m'a encouragée et fait oublier un temps mon triste quotidien. Par un signe de tête, un regard, une main sur l'épaule, elle m'a motivée, réconfortée, poussée à ne jamais abandonner. Pour la première fois, j'étais fière de moi…

J'irai ou tu iras,
Mon pays sera toi.

Nous tournons en rond d'un côté, puis de l'autre. On fait la chenille, saut à gauche puis à droite, même si ce n'est pas dans la danse. Je suis heureuse. Je bouge mes mains et mes bras. Je lève la jambe et je donne un coup. C'est Paul qui le reçoit et il se met à pleurer. Ça lui apprendra à vouloir nous faire danser sur une chanson de Will Smith ! La maîtresse fait les gros yeux.

À la fin de la danse, je me tape deux fois la poitrine avec le poing, puis je le lève en l'air, tout comme ma marraine. Ashley rit.

J'aime mes parents. J'aime ma maman et j'aime mon papa. Ils ont beau me frapper, je les aime toujours. Je leur pardonne. Je sais qu'ils pensent bien faire. Parfois je rêve d'autres parents, mais dans le fond je les aime. C'est comme ça chez nous : pour te corriger, on te frappe. On apprend par les coups. Ce qui ne m'empêche pas d'essayer de les faire rire. Parfois ça marche avec ma mère, alors je suis comblée. Avec mon père, c'est beaucoup plus compliqué. J'essaie de lui parler de l'école, des discussions que j'ai eues avec les professeurs, mais ça ne fonctionne pas : « À quoi ça sert ? À quoi ça sert d'apprendre des choses sur des personnes importantes comme les présidents de la république ou les rois... » Pour lui, ça ne sert à rien, alors je me tais et le regarde. Je l'aime malgré tout. Et j'espère qu'un jour mes parents me serreront dans leurs bras.

C'est vrai que mon père et ma mère ne sont jamais allés à l'école, mais ils pourraient apprendre dans mes cahiers ou dans ceux de Machèle. Ma sœur est dans une classe CLIS[1]. Les enfants apprennent très lentement, ce serait donc plus facile aussi pour mes parents de suivre.

Quand l'orientation de Machèle en classe CLIS a été décidée, mes parents ont été convoqués. Ils y sont allés ensemble et j'étais présente pour jouer les traductrices. Une première pour eux. Aucun des deux ne parlait, comme s'ils passaient devant le juge. Ils se sont assis sur des petites chaises. C'était drôle de voir des grands à des tables d'écoliers. Leurs genoux dépassaient. On voyait qu'ils étaient mal à l'aise à l'école. Ils ont écouté le professeur, puis mon père a pris le carnet qui était posé sur le bureau et nous sommes partis. Je leur ai couru après.

En sortant, mon père a dit :

— C'est fini, je n'irai plus dans leurs écoles. Ces gens cherchent à nous humilier. Nous faire attendre, puis nous demander de nous asseoir comme si nous étions des enfants. Ce n'est pas mon rôle.

Ma mère marchait derrière lui en balançant sa tête. Les femmes marchent toujours derrière les hommes.

1. Classe pour l'inclusion scolaire. Jusqu'en 2015, ce parcours permettait à des élèves en situation de handicap d'être accueillis dans des classes à effectif réduit (douze enfants), avec un programme adapté.

Pour la fête des mères, je décide de réciter un poème que j'ai appris à l'école.

Je rejoins mes parents dans le salon et je me plante devant la télévision. Chez nous, elle est toujours allumée, c'est donc le seul moyen d'attirer l'attention de mon père et de ma mère.

Mes parents me regardent bizarrement. Mon père me fait signe de me pousser d'un geste de la main. Je refuse et croise les bras. Mes frères et sœurs attendent une réaction de la part de Papa. Il sourit.

— Vas-y, dis-nous. Il y a quoi ?

— Aujourd'hui, c'est la fête des mères. Avec ma maîtresse, nous avons appris un poème. Je vais vous le réciter.

J'ai le trac. Mon ventre imite la machine à laver. Il tourne d'un côté, puis de l'autre. J'ai plus peur de réciter le poème devant eux que de danser devant toute l'école.

Ma mère sourit à son tour.

Je t'apporte maman
Une petite fleur des champs
C'est la surprise

Que j'ai promise
Une marguerite
Toute petite
Je t'apporte maman
Une petite fleur des champs
C'est pas une rose
C'est pas grand-chose
Une marguerite
Toute petite…

— C'est bon. Merci et bravo, me dit mon père.

Le journal de 20 heures va commencer. Je quitte la pièce. Au passage, ma mère m'embrasse sur le front. Mon père reste impassible. Il semble gêné par ce baiser.

— On regarde les informations. C'est ça qui est important !

Pour la première fois, je découvre ma mère sous un autre visage. Sa carapace se fendille et je reçois une onde d'affection. Je suis tellement heureuse de ce baiser.

Je pense que ma mère n'était pas monstrueuse et nous aimait à sa façon. Mais pour se protéger, pour affronter cette vie, elle s'est endurcie, au point de ne plus savoir donner d'affection, presque aucune marque, ni dans les propos ni dans les gestes.

Je suis en CM2 et je vais à l'étude, grâce à ma maîtresse de maternelle. La coopérative scolaire a accepté de payer, et mes parents ont approuvé.

Régulièrement, le mercredi après-midi, Clémence m'amène à la bibliothèque municipale. J'aime cet endroit si calme et si tranquille. Je me sers dans les bacs à même le sol où sont rangés des bandes dessinées et des mangas. Puis je m'installe dans un petit fauteuil pendant que Clémence se rend dans la section adulte. Je lis *Tom-Tom et Nana*. La maîtresse revient avec un gros livre sans image.

— Qu'est-ce que c'est ?

— Un roman du XIXe siècle.

— Un vieux livre, alors.

— Oui, mais un livre qui répond à des questions que chacun d'entre nous se pose. Un jour, tu le liras, j'espère.

— Quel est le titre ?

— *Le Père Goriot* de Balzac. Lis ce passage, Maya.

Je me lève, prends le livre des mains de Clémence et lis à voix basse l'extrait. Puis je le relis à voix haute.

— *Ma vie, à moi est dans mes deux filles. Si elles s'amusent, si elles sont heureuses, bravement mises, si elles marchent sur des tapis qu'importe de quel drap je sois vêtu, et comment est l'endroit où je me couche.*

— As-tu compris ce passage ?

— Oui, c'est un père qui aime ses filles.

— Exactement.

— Mais c'est normal, il n'en a que deux. Chez nous, nous sommes cinq, donc nos parents ne peuvent pas tous nous aimer. Ils nous aiment un temps, puis c'est au tour des nouveaux venus.

Au fil des années, une ribambelle de frères et sœurs sont arrivés. Et je suis devenue la petite maman. Je prépare le petit déjeuner de mes frères et sœurs, je les aide à faire leurs devoirs. Souvent, ils râlent et refusent de travailler. Je dois faire intervenir l'un de nos parents pour qu'ils acceptent mon autorité. Machèle m'aide pour la cuisine et l'entretien de la maison, mes frères doivent simplement se charger de ranger leur chambre et leurs affaires. Déjà enfant, ce traitement de faveur m'agaçait : pourquoi les garçons ne mettaient-ils jamais la table ? Pourquoi ne débarrassaient-ils jamais ? Pourquoi pouvaient-ils sortir sans chaperon, sans emmener un plus petit ? Pourquoi rentraient-ils à l'heure qu'ils voulaient ? Pourquoi étaient-ils plus libres ? !

Pendant que Machèle joue dans le bac à sable, en bas, et que je la surveille, je laisse le sable filer entre mes doigts. Je m'imagine à la plage, je rêvasse, je pense à ma journée d'école, à ce que je dois faire mieux, mais aussi à ma vie d'adulte, que j'imagine de plus en plus seule et libre, libre et seule, ces deux adjectifs me semblent indissociables.

Je suis en cinquième. Un matin, je découvre le pantalon de mon pyjama taché de sang. J'ai honte, je ne sais pas quoi faire ni quoi dire, car ma mère a toujours dit que le sang était associé à un état impur. Ce sang me rappelle l'excision. Mon sexe est sale et souillé. Et ce sang qui revient en est la preuve. Je remarquerai d'ailleurs que durant cette période, ma mère ne prie pas. Elle ne m'a jamais expliqué ce qu'étaient physiologiquement les menstruations. Pas un mot sur ce processus naturel. J'ai compris de quoi il s'agissait grâce à mes copines de classe : comme elles en parlaient très librement, j'ai osé leur confier que mes règles étaient tombées ! J'ai appris d'ailleurs il y a peu que, dans la tradition juive, il en est de même : à chaque fin de cycle la femme se rend au mikvé, c'est-à-dire dans un lieu de purification rituelle, pour prendre un bain.

Pourtant, j'ai tout fait pour arrêter ce cycle infernal. J'ai pris de l'aspirine, du doliprane, en vain. J'ai prié pour que Dieu m'épargne, mais peine perdue. Je ne veux pas être une femme. Je veux rester une jeune fille.

Les filles de ma classe ont toutes leurs règles et s'en vantent. Lorsque Ashley les a eues, sa mère l'a félicitée et en a même parlé à ses tantes.

À mon retour du collège, ma mère découvre ce sang. Elle m'en demande l'origine. Je lui parle d'un saignement du nez.

— Ce n'est pas vrai, Maya. Ce sont tes règles ! Est-ce que tu sais que personne ne doit s'en rendre compte.

Pour ma mère, il en était fini de mon innocence, de ma pureté. Je devenais une femme capable d'enfanter, et donc une tentatrice. Le sujet la mettait mal à l'aise et devait rester tabou.

J'ai si honte. Qu'est-ce qui va m'arriver ? Est-ce que je vais être punie ? L'après-midi, je me réfugie à la bibliothèque municipale.

Je lis des livres qui ne sont pas de mon âge, comme *Jamais sans ma fille*. Betty, l'héroïne, a suivi son mari iranien à Téhéran avec sa fille Mahtob pour un court séjour, mais ne peut plus repartir aux États-Unis. Séquestrée pendant deux ans, elle finira par s'enfuir avec Mahtob. Je lis *Vendues*, qui raconte l'histoire d'un père vivant en Angleterre et qui a marié de force ses filles au Yémen, où il les avait emmenées pour des prétendues vacances. Je lis *Sotah*, où il est question de femmes cherchant à épouser l'homme qu'elles aiment plutôt qu'un mari imposé, ou tentant d'échapper à une religion qui les enferme. Il y est beaucoup question de déshonneur, et les femmes sont toujours fautives.

Je me suis retrouvée dans leur combat, dans leur empêchement, je m'en suis nourri. J'ai admiré leur force, leur courage. Elles ont été un exemple, une lumière. La violence de ce qu'elles ont vécu m'a aidée à relativiser la mienne.

Ces femmes m'ont montré aussi qu'une autre voie est possible. Même si j'avais peur de ne pas pouvoir échapper à ce destin. Je commençais à comprendre qu'être une femme dans mon milieu est un fléau.

J'emprunte les livres et poursuis ma lecture à la maison. Quand ma mère me voit plongée dans mon livre, elle me frappe :

— Va laver la baignoire et doucher tes frères !

Ce changement dans mon corps, pourtant inévitable et naturel, signera donc la fin du peu de libertés qui m'étaient jusqu'alors octroyées.

J'ai mis un CD et je danse dans notre chambre. La chambre des filles. Nous sommes trois à la partager.

Je suis exceptionnellement seule. J'en profite. Je tourne sur moi-même. Je vis la musique. Je suis transportée par la voix. Je pleure, puis je ris. Je jette un œil à travers la porte. Personne. J'agite la tête, puis un bras, puis tout mon corps. Je sais que je n'ai pas le droit de me déhancher, mais je m'en moque. J'ai mis un short pour observer mes mouvements. Je veux contempler mon corps. Je n'ai pas entendu les pas dans le couloir. Soudain, ma mère entre. Elle est stupéfaite. Elle regarde mon short et ma brassière. Je ris intérieurement. Sa foudre s'abat sur moi. Elle me gifle et jette le CD. Je pleure, mais je suis contente d'avoir fait ce que j'ai fait. Je sens que la liberté a un prix. Je ne pourrai l'acquérir que dans l'opposition, qu'en enfreignant les règles, qu'en me battant, qu'en acceptant finalement de me mettre en danger.

J'enfile une longue robe et cours dans la cuisine pour aider ma mère. Je suis en troisième et déjà mon rôle de femme d'intérieur m'écrase. Je dois laver le riz, mais je m'y prends mal. Pour ma mère, c'est intolérable : à mon âge, je dois savoir préparer le mafé[1].

Je choisis donc de couper la viande en petits morceaux, puis les oignons. Ma mère s'occupe du riz. Je mets tout à mijoter. Puis ma mère sort de la cuisine. Machèle entre. J'ouvre grand la fenêtre. Et nous regardons les tours qui nous entourent.

— Qu'est-ce que c'est moche !

— Affreux.

— Ceux qui ont construit ont dû se dire : ces gens-là, ils ne connaissent rien à la beauté et donc on peut les mettre là-dedans.

— On peut les parquer, tu veux dire. À la mairie, il paraît qu'ils font exprès de mettre tous les Noirs et les Arabes dans la même cité.

— On ne voit pas l'horizon.

1. Ce plat typique de la cuisine du Sénégal et du Mali est une sauce épaisse aux arachides et à la viande, servie avec du riz.

— Non, Maya. Ici pas de coucher de soleil.

— C'est sans doute pour ça que nous avons du mal à nous projeter. Notre horizon, ce sont les tours d'immeuble. On ne peut pas aller au-delà de la tour d'en face.

— Oui, c'est une prison à ciel ouvert, sauf que nous n'en sommes pas conscients.

— Au fait, avec Clémence, on est allées à l'opéra Garnier.

— Quoi ? Tu as assisté à un opéra !

— Non, on l'a juste visité, mais c'était super.

— C'est fou que tu aies gardé contact avec ta maîtresse de maternelle ! Au fait Maya, c'est en train de cramer… Tu vas te faire déchirer.

En parlant, j'ai oublié le ragoût, qui commence à brûler. Je me dépêche de le remuer.

Notre mère entre.

— Est-ce que c'est bientôt fini ? Votre père a faim.

Nous prenons un grand plat pour y mettre le riz et la viande et un plus petit pour la sauce. Nous sortons de la cuisine les mains chargées. Le reste de la famille nous attend autour de la table.

Mon père prend la parole.

— Maya et Machèle, soit vous travaillez bien à l'école, soit vous faites bien les tâches domestiques. Vous choisissez. Vous deux, c'est toujours moyen d'un côté et moyen de l'autre. Il faut faire très bien d'un côté et d'un seul.

Ma mère hoche la tête. Elle ouvre la bouche et s'apprête à parler.

— Tais-toi ! Je t'ai pas parlé. C'est à mes filles que je parle.

Ma mère se tait.

— Toi, tu ne sais faire qu'à manger, le ménage et des enfants. T'es bonne qu'à ça.

Mon regard se fixe sur mon père.

Depuis quand s'intéresse-t-il aux études! C'est la meilleure! Et comment choisir entre bien faire le ménage et bien travailler à l'école? Quand je fais mes devoirs, je suis sans cesse interrompue. Je suis sollicitée tout le temps. En plus, on n'a pas d'endroit au calme pour travailler, ni personne pour nous aider ou nous encourager à travailler. Mon père est de mauvaise foi, car il a déjà choisi pour nous et nous enferme dans le rôle de la femme au foyer. L'établissement scolaire est un lieu que l'on fréquente parce que c'est obligatoire; mais pour mes parents, l'école est un lieu de perversion. Il ne faudrait surtout pas que l'enseignement imprègne nos esprits. On a enfoncé dans nos têtes les traditions de nos parents. Il y a l'école d'un côté, la maison de l'autre. Deux univers qui ne se mélangent pas, et parfois même s'opposent. Les enfants pourraient faire la transition, mais il n'y a pas d'échanges. À l'école, il faut retenir le minimum. Mon père dit qu'aligner quelques mots suffit.

Ma mère se lève et retourne dans la cuisine. Je l'aperçois pleurant à chaudes larmes. Mon père l'a humiliée devant ses enfants… Je l'ai appelée, elle a séché ses larmes, puis elle a apporté de l'eau fraîche.

— Ça, c'est pour Papa, dit mon petit frère Rahman.

Ma mère se rassoit et continue de manger en baissant les yeux.

— Oui, mon fils. Et toi aussi, quand tu seras marié, ta femme te servira. Et vous les filles, vous servirez vos maris.

Machèle chuchote :

— Si c'est ça qui nous attend, je préfère arrêter de vivre tout de suite. Quand on est enfant, on sert les parents. Quand on est adulte, on sert les maris. Nos vies sont au service des autres.

Je lui réponds à voix basse :

— Non, Machèle. Nos vies sont au service des hommes.

J'adore ma classe et je m'amuse beaucoup en cours, sans jamais dépasser une certaine limite afin d'éviter que l'on convoque mes parents.

Aujourd'hui, nous nous rendons à Verdun. C'est un grand jour, et je suis allée hier au supermarché pour acheter des gâteaux, du chocolat et des bonbons.

Dans le car, je m'assois à côté d'Ashley.

À chaque fois que mon amie trouve des photos de Céline Dion ou des articles, elle me les donne. J'ai un gros classeur qui lui est consacré. Nous l'écoutons toutes les deux en boucle.

Je viens d'apprendre que Céline Dion se produit au Stade de France. Je propose que nous y allions pour la rencontrer. Ashley reste bouche bée.

— Tu es folle, Maya. Elle doit avoir plein de gardes du corps, ils ne vont jamais nous laisser l'approcher.

— S'il te plaît, on essaie. J'aimerais tellement la voir.

— Mais pourquoi tu ne vas pas la voir au concert ?

— Parce que je n'ai pas d'argent.

— OK. À quelle heure ?

— 6 heures.

— 6 heures du matin, mais tu es dingo, on va attendre combien de temps ?

— Je ne sais pas.

Nous arrivons à Verdun. Nous passons devant les tranchées. C'est impressionnant !

Mes camarades et moi sommes scotchés aux vitres. Le cimetière est si vaste et les traces des obus si intimidantes. Nous avons le sentiment d'assister à ce que notre professeur nous décrivait en cours d'histoire.

Une guide prend le micro et nous parle du rôle des Américains et des Canadiens durant la guerre. Je tourne la tête vers elle. Son accent m'intrigue. Il me rappelle quelqu'un. Je lève la main.

— Oui, mademoiselle.

— Est-ce que vous connaissez Céline Dion ?

Tous mes camarades rient.

— Oui, je suis québécoise, mais je ne connais pas Céline Dion.

Je me tourne et me retourne dans mon lit. J'entends mes sœurs respirer. Je regarde l'heure : minuit quinze. Je mets un pied au sol et marche tout doucement jusqu'à la porte. Montée d'adrénaline. Je me vois tendre mon classeur à Céline pour qu'elle le signe, avant de la serrer dans mes bras. L'accélération des pulsations de mon cœur me sort de ma rêverie et ma raison reprend peu à peu le contrôle. Je ne peux pas quitter la maison en pleine nuit! Si quelqu'un s'aperçoit de mon absence, la sanction sera terrible! La peur l'emporte. Il faut que je renonce à mon plan… C'est ridicule.

Ashley a guetté ma venue par sa fenêtre jusqu'à 6 h 30 avant de se rendormir…

Je suis encore punie. Je n'astique jamais assez bien pour ma mère. Il faut toujours en faire davantage. Elle contrôle tout. Comme je passe beaucoup de temps à faire le ménage à la maison, j'arrive toujours en retard à l'école. On me surnomme « Retardataire » et je suis régulièrement collée. Mais qu'est-ce que je peux dire à mes professeurs ?! Je suis fâchée contre eux, fâchée contre Ashley. J'ai l'impression que personne ne cherche à savoir dans quel univers je vis. Je leur en veux de ne pas deviner ce qui se passe. Il suffit de regarder ma mère pour comprendre. Celui d'une femme écrasée par un fardeau, mais dont l'expression est dure, une femme intransigeante, intolérante. Pour elle, il n'y avait qu'une voie possible, juste, respectable, alors elle a appliqué ce qu'on lui a transmis, sans remettre ce modèle en question, courbant l'échine et nous faisant courber l'échine. Pauvre maman ! Je sais aujourd'hui que tu as beaucoup souffert de cette prison, mais tu n'as sans doute pas su comment t'en libérer.

L'école primaire et le collège organisent des classes découvertes. Mes parents refusent que j'y aille. Non pour des raisons financières, mais par peur, par respect de nos coutumes. Une fille ne peut pas dormir ailleurs que chez ses parents ou chez son mari. Malgré mes pleurs et mes supplications, ils n'ont jamais cédé. La peur du garçon est devenue omniprésente.

Si mon père me voit discuter avec un copain, il se met au balcon et hurle :

— MAYA, QU'EST-CE QUE TU FAIS ? TU N'AS TOUJOURS PAS COMPRIS ! ALLEZ RENTRE !!

S'il me croise avec un garçon, la foudre s'abat. C'est pareil pour mes sœurs. Parfois, il vient nous chercher et nous frappe dès que nous avons franchi la porte. Le but est de ne plus jamais commettre cette immense faute : parler à un garçon.

Je ne me laisse pas toujours faire et outrepasse ses injonctions, en m'habillant notamment comme les filles de mon âge. La semaine dernière, j'ai porté une jupe courte. Lorsqu'il m'a vue avec, il m'a attrapée et donné deux paires de claques. Puis il a jeté la jupe. Dans de tels moments, il ne se contrôle plus. J'ai l'impression qu'il me voit comme une ennemie.

Et pourtant je l'aime… Petite, il m'effrayait ; avec le temps, je lui ai pardonné. Je le vois aujourd'hui comme un homme pris dans des contradictions existentielles. Il avait tellement peur que nous nous occidentalisions et considérait cette émancipation comme une dérive et surtout une trahison par rapport à nos racines, qu'il ne fallait pas oublier. Il nous aimait, à sa façon.

Nous sommes six enfants désormais, et pourtant nous sommes très seuls. Dans l'appartement, des solitudes se côtoient, s'additionnent. On s'observe, on se méfie les uns des autres. Quand les parents frappent l'un d'entre nous, les autres se précipitent pour assister au spectacle. Excepté le lien que Machèle et moi avons créé, peu de complicité dans cette famille, et beaucoup de querelles. Nous n'avons jamais cherché à créer une relation fraternelle, nous nous sommes éloignés au fil des années, et à présent il est trop tard. Le silence est devenu notre frère.

Je suis en première et j'ai le sentiment d'être passée sans transition du stade de bébé à celui d'adulte. J'envie tous ceux qui ont eu une enfance, heureuse ou malheureuse, une enfance malgré tout. Pour nous, les filles, peut-on parler d'enfance ? Enfance égale découverte, apprentissage, amour, attention, affection, parents aimants… et éducation. Pour ma part, ça n'a pas été le cas. Il vaudrait mieux parler d'élevage intensif. Élevage, car on nous a nourris pour nous faire grandir. Intensif, car nous sommes une ribambelle de frères et sœurs. On a misé sur la quantité plutôt que sur la qualité.

Machèle a décidé d'arrêter l'école. Ces derniers mois, sa colère a grandi, tandis que je me suis assagie. Je fais des choses en cachette, mais je n'affronte pas les parents, je ne les contre pas. Je louvoie. Machèle, plus impulsive, leur donne du fil à retordre.

Nous nous retrouvons dans un fast-food près de la cité. On commande une boisson et on s'assoit sur les marches du restaurant.

Ma sœur se lève soudain et interpelle les passants en rappant.

— *Je m'appelle Machèle et j'ai 16 ans. Je suis née à Pierrefitte dans le 93. Je suis très fière de ma ville. Je la porte sur le dos. Regardez mon t-shirt 93. REPRÉSENTE.*

Les passants la regardent et sourient. Certains applaudissent. Un père de famille jette un regard autour de lui avant de rire, puis s'adresse à Machèle :

— Si ton père te voyait !

— *J'ai mal travaillé ou pas travaillé à l'école, c'est pour ça que je galère.* Il faut vraiment que je me lance dans le rap, poursuit Machèle en s'adressant à moi. C'est pas trop bien ce que je viens de dire ? Franchement, Maya. Franchement, hein ?

— *J'ai mal travaillé ou pas travaillé à l'école, c'est pour ça que je galère. Future rappeuse. Machèle dans les bacs. Dédicace à tous ceux qui sont en zonzon. Ils ont rien fait mais ils y sont. Je pense à vous mes frères et à mes sœurs.* C'est quoi ta question déjà ?

— Qu'est-ce que tu vas faire de ta vie ?

— Première interview de Machèle la rappeuse. J'ai toujours été dans les classes d'attardés mentaux. Vous voyez, non ? Là où les élèves ont du mal à lire, à écrire ou ont des gros problèmes de discipline, de comportements. Durant les heures d'école, on nous occupait avec des activités manuelles telles que la cuisine, la couture, le coloriage et surtout les récréations qui n'en finissaient pas. Nous étions les seuls à rester après la cloche alors que tous les autres élèves retournaient dans leur classe. Nous, les attardés mentaux. Après la troisième, la plupart des filles de ma classe sont tombées enceintes et les garçons sont passés par la case prison. Chez nous, c'est une fierté… Je ne sais pas ce que je veux faire. J'ai essayé un stage dans une école maternelle, mais j'ai pas aimé. J'ai fait de la vente, j'ai pas aimé. J'ai travaillé dans un restaurant, j'ai pas aimé. À chaque fois que je veux faire un truc, il faut avoir le bac, moi je l'ai pas. Dans ma classe, on nous préparait à tout sauf à un diplôme. Dès la fin du collège, on nous a mis à la rue. C'était fini le temps de la garderie. Après, j'ai cherché des pigeons.

— Ton parcours scolaire, je le connais, mais tu es trop dilettante. Il faut que tu arrêtes de changer d'avis, que tu t'accroches. Tu ne peux pas tout aimer dans ton boulot ! Il y aura toujours des tâches fastidieuses. Des pigeons ? C'est quoi ?

— Des pigeons, tu connais pas ! Il faut que tu sortes un peu. Toutes mes copines en ont. Moi j'en ai plusieurs. Ce sont des blédards. Ils viennent du bled.

— Quel bled ?

— Le bled, c'est tout. En gros, ce sont que des hommes immigrés seuls. Ils travaillent pour nous. Si j'ai envie d'un sac, je l'appelle et il me l'achète. Parfois, je veux du cash et il m'en donne. Souvent ces gars, ils sont en galère de meufs. Leur femme est au bled, souvent ils sont sans papiers et ils sont en chien. Ils pensent que je vais me donner à eux s'ils m'achètent tout ce que je veux.

Un téléphone se met à sonner.

… Nan, nan, c'est pas l'école qui m'a dicté mes codes

— *Bonjour Junior. Non, ça va pas. T'es fou ou quoi de m'appeler comme ça ! Tu crois que je suis à ta disposition. Bon, on se donne rendez-vous à Châtelet, je vais en soirée samedi, il faut que tu m'achètes une robe et des chaussures… Oui, oui, on verra pour toi. Viens, t'as intérêt sinon j'efface ton numéro et je décroche plus si tu m'phones. Bon, salut.* Il est fou ce gars. Il vient de me dire « Bisous ». Comme si c'était mon potoooo ! Il faut que je le remette à sa place avant qu'il prenne trop la confiance. Bon, qu'est-ce que je disais ? Ah oui, j'ai plusieurs pigeons qui s'occupent de moi, mais moyennant rien du tout. Je leur fais croire que je vais coucher avec eux, mais je ne le fais jamais, jamais. Après, quand ils se rendent compte qu'ils n'auront rien, je les jette avant qu'ils me jettent. Et j'en prends un autre. De toute façon, il y en a à la pelle des *bledards*. J'essaye de ne plus me battre avec mes copines. Avant, on allait à la gare du Nord ou à Châtelet, dès qu'une fille nous regardait on sautait sur elle à plusieurs. Elle est folle de nous regarder. C'est comme ça qu'on occupait nos journées. Maintenant j'ai les *bledards*.

— Machèle, je ne te reconnais pas, il faut que tu te ressaisisses, que tu reprennes tes études, ou que tu trouves un job et le gardes. Ce que tu fais, Machèle, c'est de la prostitution. Tu échanges ton corps contre de l'argent ou des sacs. Et tu es malhonnête envers ces hommes.

— T'es malade, moi je leur vends pas mon corps.

— Oui mais tu prends de l'argent à des hommes qui galèrent, parce qu'ils n'ont pas de papiers, et donc ils sont exploités par leurs employeurs et toi tu fais pareil. En plus, tu ne sais pas sur qui tu peux tomber.

— Je contrôle, t'inquiète.

— Tu contrôles rien du tout. Si tu tombes sur un détraqué, qu'il te bat, te viole et balance ton corps dans une poubelle.

— Tu dramatises tout, Maya.

— Et si Papa l'apprend, tu es morte. En réalité, c'est comme si tu pigeonnais Papa. Certes, sa femme est en France, mais il est issu des mêmes contrées que tes pigeons. Si ça se trouve, tu as déjà pigeonné un de nos oncles!

Machèle rit.

Nous vivons dans le pays des droits de l'homme et du citoyen, pourtant nous nous comportons comme des sauvages. C'est-à-dire des êtres non éduqués qui fonctionnent avec leur instinct. Nous sommes à l'état brut, animal, avec des besoins primaires. On mange, boit, pète, défèque et on se bat lorsqu'on se sent attaqués. On vit en meute. L'instruction qui aurait pu nous sauver n'aura relevé que peu d'entre nous. La plupart des gens ignorent ce qui se passe au sein de ces foyers, au sein de ces cités. Où l'on frappe, où l'on reproduit un schéma encore une fois, où l'on se soulage aussi, car de la patience ces pères n'en ont pas. Des bourreaux qui seraient aussi des victimes en quelque sorte. Je refuse de les condamner trop sévèrement. Quand mes parents cognent, ils sortent d'eux-mêmes. Tout comme Médée, mère aimante qui finit par tuer ses enfants. Elle est tombée dans un état de *furor*. L'un de nous a déjà eu le bras cassé par mon père. Sinon, il jette une chaussure, un verre, un stylo... Tout ce qui lui tombe sous la main. À nous d'esquiver.

Avec tout ça, comment pouvons-nous être attentifs à l'école ? Notre esprit est fissuré, les connaissances et le savoir passent à travers les trous. Nous sommes plutôt préoccupés par les stratégies que nous cherchons à mettre en place pour obtenir des moments de répit.

Nous rêvons beaucoup en classe. Je me laisse aller, je baisse la garde. Il est vrai qu'il m'arrive d'être indisciplinée – je suis submergée par tant de liberté, je ne sais pas quoi en faire. Je passe brusquement de l'impression d'étouffer à un trop-plein d'air. À la maison, tout est fait pour nous empêcher de réfléchir. Ils le font pour nous, du moins ils décident pour nous.

Elles sont de retour. Elles n'arrêtent pas de couler. Elles ont fini par déborder. Ça a débuté pendant la nuit. J'ai horriblement mal.

Je cours vers les toilettes et vomis de douleur. Je me lave les dents. Pliée en deux, je descends les escaliers. J'ai peur d'être en retard en cours. Je parviens à faire quelques pas dans la rue, puis la douleur me cloue sur place. Je m'assois sur le trottoir.

Je respire, je reprends un cachet. C'est mon troisième, mais rien n'y fait. La douleur s'accroche.

Je me relève et reprends la marche.

Une nouvelle fois la douleur me percute de plein fouet, je tombe et m'allonge sur le sol. Mon corps cherche-t-il à expulser un corps étranger ?

Derrière moi, une lycéenne accélère le pas pour me rattraper :

— Ça va ?

— J'ai mal au ventre.

— As-tu tes règles ?

— Non.

— Il faut que tu ailles à l'infirmerie. Tu ne peux pas rester comme ça.

J'ai mes règles, mais je ne peux toujours pas l'avouer. J'ai tellement honte. Les nommer, c'est reconnaître leur existence, leur donner vie, alors que je voudrais qu'elles disparaissent.

Arrivée dans la classe, je pose la tête sur la table en attendant que mon corps se calme.

Quand je rentre du lycée, je découvre que mes parents ont fouillé dans mon sac. Comme ils m'ont vue parler à un garçon la semaine dernière et réprimandée pour ça, ils me surveillent d'encore plus près. Je ne sais pas ce qu'ils cherchaient, mais ils ont regardé partout. Ils pensaient peut-être trouver des mots doux! Il n'y a que des lettres écrites par moi, adressées à Céline Dion. Ils ne savent pas lire, mais ont tout de même su déchiffrer « Céline », un prénom de fille, cela a dû les rassurer. À Céline, j'écris dans les moments où je sombre. Je lui confie mes angoisses, mes peurs, mes doutes, ma lassitude, mon découragement. Elle est une lumière dans ma nuit.

Au lycée, on étudie *Le Père Goriot.* Joséphine, notre professeur de français, est passionnante. Elle parvient à rendre le texte intemporel. Ce roman a chez moi une résonance particulière : un père qui se sacrifie pour ses filles, qui est prêt à tout pour les satisfaire, jusqu'à la déraison, jusqu'à la ruine…

En ouvrant la porte de l'ascenseur, des sanglots me tirent de mes réflexions. C'est Sosso, une amie de la famille. Elle joue parfaitement son rôle de *forgeronne,* c'est-à-dire de médiatrice. Même en France, les castes sont respectées. Il y a les *griots*, dépositaires de la tradition et de l'histoire ; les *horés*, qui appartiennent à la caste noble et ne peuvent pas devenir chanteurs, par exemple ; les *tisserands*, fabricants de tissus ; et les *forgerons*, à l'origine des esclaves, qui jouent donc en quelque sorte les médiateurs. Chaque caste est affiliée à un métier et à un rôle dans cette société endogame. Sosso apaise les conflits, elle donne naissance, excise, présente les filles de la caste *horée* à leur mari et enterre les morts.

Sa venue n'annonce rien de positif. Mon père a dû frapper ma mère et cette dernière a dû fuir chez Sosso. Il suffit de pas grand-chose, un plat qui n'est pas à son goût ou pas préparé assez vite, une sortie anodine chez une amie sans sa permission… Nous ne sommes pas les seuls à subir les coups de mon père. J'ai déjà assisté à une altercation, j'ai vu ma mère essayant de se justifier, le bras de mon père s'abattre sur elle. Je suis restée tétanisée dans le couloir, tandis qu'elle rajustait son pagne avant de s'enfermer dans la salle de bains pour se cacher des regards.

Chez nous c'est comme ça : les maris tapent leurs femmes si elles n'obéissent pas. On est des ânes.

Machèle me rejoint dans la chambre.

— Maman me dégoûte. Elle se laisse traiter comme une moins que rien, elle se laisse faire, puis elle se venge sur nous. C'est toujours le même refrain. Elle sort sans lui dire, il s'en aperçoit, la frappe, puis elle court chez Sosso qui la ramène au bercail.

— Je pense qu'il y a quelqu'un qui la balance à Papa. T'as pas remarqué que, chaque fois qu'elle sort, il la grille ?

Sosso est celle qui « purifie les filles ». C'est ainsi qu'elle se définit. Elle habite au numéro 23 de la résidence. Elle occupe l'appartement du dixième étage avec l'autre épouse. Elle est la seconde femme, et la préférée. Contrairement à la première, qui ne fait qu'enfanter, Sosso est en mesure d'apporter un salaire au foyer. Ces quelques euros permettent d'améliorer le sort de la famille.

Elle porte toujours la tenue traditionnelle, à un détail près : le foulard coloré, assorti à ses vêtements et noué élégamment sur la tête, a été remplacé par le hijab.

Je rejoins ma mère dans le salon. Toute la famille ainsi que Sosso regardent le journal de 20 heures. Il y a un reportage qui traite de l'excision. C'est le mannequin Katoucha qui s'exprime. Elle cherche à sensibiliser les exciseuses pour qu'elles abandonnent cette pratique.

Je suis gênée, je baisse la tête et j'entends mon père déclarer que ces personnes disent n'importe quoi. Il se lève. Ma mère attend que nous quittions également la pièce pour parler avec Sosso. Nous sortons, mais je reste seule dans le couloir pour écouter.

— Il paraît que cette chose peut couper le sexe de l'homme lors de la pénétration ?

— Oui, je sais. C'est pour ça qu'on la coupe.

— En plus, ça empêche la femme de trouver un mari. C'est dégoûtant !

— C'est pour ça que je fais ma mission.

— Heureusement que tu es là, Sosso. Tu nous sauves la vie. Et imagine qu'elles tombent enceintes en dehors du mariage ! Ça serait la honte ! Que Dieu nous préserve de cette malédiction.

Je suis abasourdie par tant d'ignorance et de certitudes : il faut le faire, c'est la règle, on doit s'y plier, on doit l'appliquer, personne ne se pose la question de la souffrance, du traumatisme.

— Comment ça s'est passé pour Maya ? J'ai rendu propre toutes tes autres filles sauf elle.

— C'était au Mali, lors de notre premier voyage. Maya était très proche d'une de mes sœurs, alors je lui ai demandé de l'accompagner chez « la dame chargée de la pureté féminine ». Comme elle avait confiance en elle, elle ne risquait pas de refuser. Durant tout le séjour, toutes mes sœurs, belles-sœurs et cousines me rappelaient sans cesse qu'il fallait que le rituel se fasse. Il le faut, il le faut. Et ça s'est fait ! La petite est partie dans la matinée et revenue en début d'après-midi. Juste avant le déjeuner. Elle ne pouvait plus s'asseoir. Je leur ai servi leur repas dans un bol, Maya était adossée à un mur. J'ai bien vu qu'elle avait mal, mais j'avais accompli mon devoir. Avant de partir, j'avais été à la PMI[1]. J'ai dit ce je m'apprêtais à faire et le médecin a approuvé. Je venais le voir pour faire un vaccin à Rahmane. J'en ai profité pour emmener Maya avec nous. Il lui a demandé de se

1. Protection maternelle et infantile.

déshabiller, puis il a regardé son sexe et il a dit qu'il était temps. À notre retour, il a regardé le sexe de Maya une nouvelle fois et il a dit qu'il n'y avait aucun problème, que ça allait cicatriser.

— Pour les Blancs aussi, c'étaient de simples pratiques culturelles. Ce n'est que très récemment que leur discours a changé.

— Tu sais Sosso, la première fois que nous sommes parties au pays, c'était pour Maya : il fallait que le rituel s'accomplisse. Aujourd'hui, il s'agit de les préparer au retour au pays. Nous avons toujours voulu retourner vivre sur la terre qui nous a vu naître.

Nous sommes vraiment leurs choses. Nous ne pouvons pas avoir nos propres aspirations, choisir notre avenir. Ils ne s'interrogent jamais sur notre ressenti. J'ai envie d'étrangler ma mère quand je l'entends. Je sais qu'elle est malheureuse, elle sait qu'elle l'est, mais elle fait tout pour qu'on ait la même vie! Ne doit-on pas chercher à préserver ses enfants plutôt qu'à les sacrifier? Et l'autre qui croit accomplir une mission alors qu'elle commet un acte criminel. J'ai dû mal à penser qu'elles ont oublié l'excision qu'elles ont dû subir, cette douleur, et ce que signifie vivre avec un homme choisi par d'autres.

— On part cette fois-ci pour montrer que nos filles ont grandi et qu'elles sont prêtes à vivre au village alors qu'il n'y a pas d'eau courante ni d'électricité. J'espère qu'elles vont accepter le mariage.

— Accepter le mariage! On ne devrait même pas dire ça, Bidia. Regarde pour mes jumelles, si elles étaient restées dans ma famille, elles seraient mariées et auraient déjà des enfants. À 26 ans, elles sont toujours célibataires. C'est la honte. 26 ans, pas mariées, vraiment ! C'est l'échec de mon éducation. Il y a environ dix ans, Adama, ma nièce, s'est mariée. Il est bien. C'est quelqu'un de bien. C'est une bonne personne. Il a fait toutes les classes de l'école coranique. C'est un savant. En plus, sa famille a une excellente réputation. On a convoqué notre nièce, mon mari et moi, pour lui faire part de ses fiançailles. Elle a refusé, puis a fini par accepter.

— Comment as-tu fait pour que ta nièce accepte cette union après un non ? Ces enfants ont la tête dure.

— Je lui ai parlé, ainsi que sa mère et son père, puis mes frères et sœurs, ainsi que les frères et sœurs de mon mari, sans compter nos amis. Tous les jours au téléphone, puis le week-end lors de réunions familiales. Tous venaient pour la convaincre d'accepter ce beau mariage.

— Mais c'est ça qu'il faut faire. Vous avez eu raison. À force de lui parler, elle a fini par dire oui.

— C'est comme ça que l'on procède pour que les filles nées ici en France cèdent. Son père et sa mère lui proposent un mari, et elle oserait refuser ! Comme si on allait la mettre dans une mauvaise situation. Tout ce qu'on fait, c'est pour leur bien. Si Adama avait dit non, elle aurait jeté la honte sur toute sa famille. En plus, cet homme était clandestin. Il a pu obtenir ses papiers grâce au mariage. Non ! Vraiment, les enfants de France sont compliqués et indisciplinés. Si tes parents te choisissent un mari, c'est qu'il est bon pour toi.

— C'est vrai.

— Ça ne pouvait que renforcer les liens familiaux, ce mariage. J'avais tellement peur que les autres ne suivent pas l'aînée. Chez nous, quand on se marie, c'est le mari qui commande. Comme nous entrons dans son foyer à un très jeune âge, le mari a le devoir de poursuivre notre éducation. Les femmes ne sont pas encore finies. Elles ne le sont jamais.

— Il faut que tu considères ton mari comme ton frère, ton oncle ou même ton père, dit Sosso. Jamais comme ton mari, sinon vous aurez des conflits.

La semaine dernière, Sosso raconte qu'elle a croisé sa voisine Kaya qui lui a fait part des propos tenus par le médecin du centre de PMI. Il a ausculté la petite et a dit aux parents que s'ils excisaient leur fille, il ferait un signalement. Sosso s'est fâchée.

— Je suis l'exciseuse. Celle qui purifie les filles. Je ne comprends pas pourquoi les *toubabs* (les Blancs) nous embêtent avec ça à présent. C'est notre tradition. Sinon, aucun homme ne voudra les épouser. C'est notre coutume. Les mères ont été excisées, et font exciser leurs propres filles, ça montre que c'est vraiment pour leur bien. On ne souhaite pas faire de mal aux filles. Ça, jamais. On veut qu'elles soient propres jusqu'au mariage. C'est le but ultime pour toute fille : se marier avec un homme de la famille.

Sosso a eu l'honneur d'être choisie par sa grand-mère pour lui succéder. Dans le village, et bien au-delà, c'est elle qui excise toutes les petites filles. Sosso commence dès le premier mois jusqu'à la préadolescence. « Après c'est plus dur, dit-elle, car la fille connaît mieux son corps et comprend ce qu'on lui a retiré. »

Au début, c'était compliqué, car elle avait peur de couper au-delà de la partie à couper. D'autant plus que les filles bougent. Il faut donc leur tenir les jambes, mais aussi les bras, parfois même la tête. On leur dit que pour être à la hauteur de leur famille, elles doivent prendre sur elles et ne pas crier. C'est un signe de grandeur et de maturité. Avec l'expérience, Sosso a appris à couper la bonne partie pour que ça saigne le moins possible. Maintenant elle est une professionnelle. Elle coupe en deux ou trois fois et la chose sale tombe. Elle enterre cette partie. Il est important d'avoir une lame bien aiguisée. Elle est reconnue pour son professionnalisme. Son arrivée en France a été une bénédiction pour les familles. Sa réputation l'a devancée. Elle sait y faire. Elle est très prisée. Tous ses week-ends sont pris. De toute la France, les gens se ruent chez elle avec leurs petites filles et Sosso coupe. C'est son travail et elle le fait bien. Mes petites sœurs sont toutes passées entre ses mains. Seules les femmes peuvent mettre fin à cette coutume, mais pour cela il faudrait qu'elles prennent conscience de la barbarie de l'acte.

— Grâce à moi, les petites filles entrent dans notre communauté. Et la douleur de l'excision[2] n'est rien comparée à la vie de femme qui les attend.

— C'est vrai ma sœur! C'est très dur, la vie de femme.

Sosso se lève.

— Bidia, je vais te laisser. Je reviens demain pour t'aider à ranger tes affaires dans les valises et préparer ton voyage.

---

2. Selon Santé Publique France, nous serions aujourd'hui environ 120 000 femmes en France à avoir subi une ablation d'une partie du sexe. Soit le double par rapport à il y a dix ans. Il y a trois formes d'amputation. La première est celle pratiquée davantage en Indonésie : on coupe le capuchon au niveau du clitoris. La seconde, c'est une ablation complète du clitoris et des petites lèvres. Puis il y a l'infibulation : on retire tout et on coud les grandes lèvres.

Je comprends que tout est déjà tracé pour nous. Elles nous ont amputées pour qu'on devienne une chose à leur service. Nous sommes nées dans une prison et, pour qu'on ne l'oublie jamais, il a fallu le graver dans notre chair. Ce marquage nous retire de la communauté française. On aura beau faire, nous sommes désormais et pour toujours des femmes amputées. C'est ça notre identité.

Je retrouve Machèle dans la chambre, qui, depuis peu, s'est mise à écouter Céline Dion.

But my body can't move when I finally get to it.
Just like thousand times before…

Seize ans, je suis désormais bonne à marier !

Environ tous les trois ans, à tour de rôle, nous partons en vacances au Mali. C'est au tour de mes sœurs et moi. Ma mère fait aussi partie du voyage. Nos frères restent en France. Ça sent le traquenard.

Ma mère souhaite prouver à sa famille et à sa belle-famille que, malgré la distance, elle a su élever ses filles comme celles restées au village. Il n'y a en apparence aucune différence : les interdits sont les mêmes et notre destinée aussi. Elle en est fière.

Chez nous, un proverbe dit que si un enfant est bien élevé, c'est grâce à son père, et s'il est mal élevé c'est à cause de sa mère. La mère a donc un devoir de réussite vis-à-vis de son mari et, surtout, de sa belle-famille. C'est ce qui donne un sens à tous ses sacrifices.

Je ne veux pas m'y rendre car je sais que mon célibat sera une nouvelle fois source de discussion. Ça fait des jours que je cauchemarde. Je me vois de nouveau subir une excision. Clémence, qui comprend que je redoute ce départ et sent que je ne vais pas très bien, m'invite à me rendre dans un centre médical où les consultations en psychologie sont gratuites.

Je téléphone et tombe sur une infirmière. Elle me donne un rendez-vous avec une psychologue prénommée Laure.

La semaine suivante, je m'y rends, un peu fébrile.

— Pourquoi êtes-vous ici ? me demande-t-elle, alors que je ne suis pas encore assise.

Je la trouve assez abrupte, mais ne me démonte pas et lui explique que je ne veux pas rentrer au pays.

— Alors pourquoi partez-vous ?

— Parce que je suis obligée.

— Si vous n'apprenez pas à désobéir à vos parents, ils continueront à gérer votre vie.

Encore une qui ne sait pas de quoi elle parle. Je préfère ne pas répondre plutôt que d'argumenter : elle semble méconnaître totalement la situation des habitants de Rimbaud…

Je hoche la tête mais pense le contraire. Elle n'a rien compris, je suis obligée d'y aller. On m'a appris que les souhaits des parents priment sur ceux des enfants. Mais devant cette femme, je ne dis rien.

— Il est important que vous appreniez à vous affirmer.

Je souris. Oui, bien sûr. Je la laisse parler. Elle me demande si j'ai des camarades, si je suis bien intégrée, si je travaille bien à l'école… La séance passe ainsi, sans que rien finalement ne soit dit. Enfin, elle regarde sa montre et me libère.

Juste avant le décollage, je me rends aux toilettes et me regarde dans le miroir. J'essaie de me réjouir de ce départ, de me convaincre que tout va bien se passer. Dans l'avion, je me force à sourire. J'écoute Youssou Ndour. Je me répète que je vais passer de bonnes vacances.

Mais j'ai la nausée. Comme si je mangeais un gâteau périmé de quelques jours. La première bouchée est encore agréable, la seconde très amère.

Mes sœurs et moi arrivons à Bamako.

Il fait très chaud. Nous passons nos journées à nous éventer. Depuis qu'on a posé le pied à terre, mes sœurs et moi recevons sans cesse des visites de membres de notre famille, qui nous sont totalement inconnus. Un garçon d'environ notre âge s'approche en l'absence de notre mère.

— Pourquoi vous ne sortez jamais ? Vous, les Françaises, vous ne voulez jamais discuter avec nous.

— On discute là, répond Machèle.

En musique de fond, on entend :

J'ai compris tous les mots, j'ai bien compris merci...

— Elle nous poursuit, même à Bamako.

Je ris.

— Il y a une soirée qu'on organise. Venez ! C'est 500 francs CFA[1]. Je m'appelle Sékou.

— On viendra, lui répond Machèle.

— Qu'est-ce qu'on va pouvoir dire à Maman ?

1. Moins de un euro.

Le jeune homme reprend la parole.

— Dites-lui que vous venez voir votre tante, puis, lorsque tout le monde sera au lit, vous vous lèverez et partirez à la soirée.

Nous rions.

— En France, nos parents vous prennent en exemples, alors que vous êtes plus tordus que nous !

— Et pour vos tenues de soirée, il va falloir que vous les déposiez sur la branche de l'arbre qui se trouve juste en face de la maisonnée.

— C'est donc une pratique courante ici ? dis-je.

— C'est bon Maya ! Détends-toi, pour une fois qu'on s'amuse ! Donc ici, à Bamako, les tenues de soirée poussent sur les arbres ? !

— Je vous laisse, votre mère arrive. À ce soir les filles.

— À ce soir Sékou.

Notre mère est de très bonne humeur. On ne fait que l'encenser. Elle est devenue la sage : celle à qui on peut confier ses soucis, ses inquiétudes. Elle a acquis une place importante au sein de sa famille, mais également au sein de sa belle-famille. Plus elle vieillira et plus son aura prendra de l'ampleur.

Nous devons rendre visite à notre tante, celle qui m'a conduite chez l'exciseuse. Je suis mal à l'aise. Les souvenirs ressurgissent. La manière dont elle m'a manipulée, trahie. Elle est enchantée de notre présence et fait comme si de rien n'était. Les membres de la famille nous entourent. Nous les saluons et lorsque nous échangeons avec des jeunes hommes, notre tante nous glisse à l'oreille :

— Est-ce que vous voulez vous marier avec l'un d'entre eux ?

Nous faisons non de la tête.

Elle rit. Je suis sur la défensive, je n'ai plus confiance et me méfie d'elle. Machèle essaie de me rassurer.

— C'est bon Maya, elle est gentille. Regarde comment elle nous traite.

— C'est pour mieux nous duper.

Au dîner, on nous sert un plat de viande accompagné de frites. Nous dévorons les frites, puis nous prétextons une grosse fatigue pour prendre congé. Ça cogne à la porte : une fillette nous informe que l'on doit partir à 22 heures.

— Sékou vous attendra, murmure-t-elle.

— Merci.

Nous sommes stupéfaites. La petite d'environ six ans est donc complice. Ici les gamines sont trop fortes. Ruby, notre petite sœur, à l'instant où elle aurait su, nous aurait balancées aux parents !

Nous nous couchons, attendant qu'il n'y ait plus de bruit. J'ai peur. Machèle se lève et marche discrètement vers la porte. Elle me fait signe de la rejoindre. Nous prenons nos sandales à la main et nous courons vers l'entrée. Je monte sur une branche du baobab pour atteindre nos tenues de soirée.

Nous déambulons dans les rues de Bamako. Notre ami Sékou nous attend. Il est très élégant. Il porte un pantalon à pinces noir, une chemise blanche et un nœud papillon.

— Alors les filles, on y va…

Arrivés à la soirée, nous constatons que la salle est pleine. Toute la jeunesse bamakoise, garçons et filles, se déhanche. Les filles sont très coquettes. Elles sont toutes en jupes courtes et les garçons en pantalon à pinces. Ma sœur et moi sommes les seules à porter un pantalon.

— Machèle, il doit y avoir un *dress code.* On fait taches.

— On s'en moque. Tu vois ça !

Elle me montre la piste de danse.

— Ça veut dire que nos vacances ont enfin commencé.

Nous dansons comme jamais nous n'avons dansé. Toute la nuit, jusqu'à ce que Sékou nous pousse vers la sortie.

Le lendemain, pas un mot : nous vaquons à nos occupations, personne ne nous a entendues, ou bien cet amusement était tacitement toléré. Nous poursuivrons ces escapades nocturnes jusqu'à notre retour en France. Le séjour s'est finalement bien passé, moi qui l'appréhendais tant.

Joséphine, mon professeur de français, enseigne au lycée depuis six ans.

Elle semble bien connaître notre environnement : elle en maîtrise les codes, les lois, le sort qui est réservé aux filles. Je me demande si elle aussi n'est pas issue des quartiers. Et comme elle connaît notre milieu, elle ose nous dire les choses avec franchise, abordant les sujets les plus délicats pour nous secouer, nous faire réagir, alors que les autres professeurs baissent la tête. Ils ont peur. Notre réalité et nos coutumes les effraient, ils préfèrent les nier. Son travail, nous dit-elle, est de nous extirper du monde des croyances pour rejoindre celui des connaissances. C'est ainsi qu'on se construit en tant qu'individu à part entière et non plus comme un élément du groupe. Pour Joséphine, la liberté s'acquiert avec une vaste culture. L'école nous apprend à être libre.

Un matin, elle écrit ces mots sur le tableau. Puis se tourne et nous observe.

> *Qui décidera de ce qui est plus horrible à voir, ou des cœurs desséchés, ou des crânes vides ?*
> Balzac

— À vous de répondre au lieu de jacasser. Choisissez entre les deux, ou il y a peut-être une troisième voie, mais il va falloir faire un minimum d'efforts pour l'atteindre.

Certains dans le fond de la classe ricanent. J'entends qu'il y a eu un affrontement entre le quartier Rimbaud et le quartier Éluard. Deux poètes français dont les habitants ignorent qu'ils sont deux immenses auteurs. Pour eux, ces noms sont synonymes de règlements de comptes, pour un regard de travers ou une histoire de trafic de drogue. Un siècle les sépare, mais certains ont réussi à les réunir pour de sombres raisons en ignorant tout d'eux… Éluard et Rimbaud sont vides de sens et devenus des prétextes pour s'affronter, et récupérer un morceau de territoire qui rapporte de gros billets.

— Je n'arrive pas à comprendre votre raisonnement, si on peut parler de raisonnement. Vous êtes tous issus des mêmes milieux sociaux avec les mêmes problématiques : chômage, insalubrité des immeubles, drogue… et certains d'entre vous vont casser la gueule à d'autres jeunes gens qui sont malgré tout vos semblables, sous prétexte qu'ils habitent dans un autre quartier. Je tiens à vous rappeler que vos quartiers sont tout aussi pourris les uns que les autres ! Qu'est-ce qu'il y a à défendre là-bas !?

Elle a raison…

Joséphine s'assoit sur son bureau.

— Expliquez-moi ! J'attends.

Une voix gutturale surgit.

— Madame, ce n'est pas nous qui avons commencé, on ne fait que répondre.

— On va aller jusqu'où comme ça ?

Le professeur se lève, rejoint le tableau et prend un feutre. Elle souligne les mots « cœurs » et « crânes ».

— Lequel choisissez-vous ? Je sais ce qui se passe à la maison. On y déconstruit tout ce que l'école essaie de construire. Les professeurs vous diraient n'importe quoi, il ne faudrait pas les écouter, la littérature serait pour *les autres*, et j'en passe. Qui sont *les autres* ?

Abdu lève le doigt.

— Les Blancs, madame.

— Oui, et donc ?

— Eh bien il y a des choses qu'on apprend à l'école qui ne sont pas pour nous. Vous nous parlez que d'auteurs blancs.

— Alors maintenant, on va choisir les textes non pas sur la qualité des écrits mais sur la couleur de peau de l'écrivain. On touche le fond. Vous avez raison, construisez les barreaux de votre propre prison. Et lorsque j'ai essayé de vous faire travailler sur les textes de Senghor… Qu'est-ce que vous m'aviez dit ?

— Là c'est différent, reprend Abdu, tout était écrit en français, mais un français trop compliqué.

— Alors, on doit choisir des textes écrits par des personnes de couleur qui ont le même niveau de langue que vous ? Et donc on vous tire vers le bas ! C'est ce que vous voulez, je le sais bien. Faire le moins d'efforts possible et en être récompensé. Alors que vous pouvez atteindre le même niveau que les lycées du centre-ville. Mais il faut le vouloir pour atteindre ça.

Arthur Rimbaud. On le dit prodige de la poésie. L'homme qui fait danser les mots. On le dit révolté, satirique, symboliste, virtuose des vers. Mais ici on ignore tout de lui. Ses idées libertaires, sa relation amoureuse avec Paul Verlaine… S'ils savaient, les habitants débaptiseraient la tour.

Jeunes et vieux utilisent cette expression. *Je suis de Rimbaud. T'es de Rimbaud*, et ça se termine par *On est tous de Rambo.* En jouant avec la prononciation, on est passé du XIXe au XXe siècle. Du poète au personnage de Sylvester Stallone.

Car maintenant Rimbaud leur appartient. Rimbaud n'est plus que l'appellation du lieu. Rimbaud a été vidé de toute sa substance. Il ne reste plus que la mèche rebelle d'un garçon blond au visage enfantin.

Arthur Rimbaud a disparu de la tour et de nos mémoires. Plus personne ne récite ses poèmes.

Les pieds dans les glaïeuls, ils dorment.

Le portrait du poète se dessine sur un pan du mur d'un des immeubles de la cité. Juste en dessous, deux jours par semaine, a lieu le marché. Lorsque je lève la tête, son regard semble m'interroger sur sa présence ici. Je hausse les épaules. Sans doute pour nous donner l'illusion que la poésie appartient aussi à ces habitants.

À quelques mètres de la place du marché se trouve mon école. Elle a bien changé. Au fil du temps, la mixité a disparu. Une uniformité religieuse et ethnique règne désormais. Et ça ne choque personne.

Certains parents imposent une dispense à leur progéniture pour qu'ils n'assistent pas aux cours de musique. On dit que c'est banni par la religion. Et ça passe. Certaines jeunes femmes et jeunes hommes de la nouvelle génération, qui ont pourtant fréquenté les bancs de l'école mais les ont quittés bien avant le bac, choisissent de soustraire leur enfant à l'enseignement public. L'école à la maison. On peut s'interroger sur ce choix. Est-ce que les enfants vont bénéficier d'un enseignement qui leur permettra de s'émanciper, ou est-ce le moyen de les endoctriner afin qu'ils restent figés dans une pensée rigoriste ? C'est une tendance qui inquiète notre professeur de français.

Lorsqu'elle interroge les parents, ils répètent sans cesse, nous confie-t-elle, que l'école apprend n'importe quoi à leur enfant. Les parents vont donc enseigner leur ignorance afin que leur enfant le soit davantage.

Mes parents n'auraient pas osé remettre en cause l'école, mais n'en font pas l'éloge non plus. Nous y allons car l'école est obligatoire, mais l'institution ne fait aucun sens.

Dans le bâtiment D de la résidence vit Zyneb. Elle a 18 ans. Il y a six mois à peine, elle s'appelait Ophélie. Avec mes copines de classe, nous avons été témoins du changement radical et rapide de son mode de vie. Dans son corps, il y avait l'Amérique, aujourd'hui c'est le Maghreb. Pourtant ses yeux bleus et sa chevelure blonde évoquent l'Europe du Nord. Mais il nous est interdit de voir ses beaux cheveux qui étaient très longs et lui arrivaient aux fesses.

Tout s'est passé très vite. Elle s'est convertie et a changé de prénom, mais nous l'appelons Ophélie-Zyneb. On n'a pas envie de choisir entre les deux.

— Coucou Maya l'intello.

Nous avons toutes les deux fréquenté les mêmes établissements scolaires jusqu'en 3e.

— Hello, Ophélie-Zyneb.

— Arrête de m'appeler par ce prénom. Je le déteste.

— On t'a connue avec ce prénom et tu veux que, du jour au lendemain, on t'appelle autrement ! Ce n'est pas possible Ophélie-Zyneb.

— Comment va l'intello ?

— Ça va. Je te rappelle que je suis juste au lycée.

— Oui mais GÉNÉRAL. Je suis trop fière de toi. Moi je n'aurais pas pu.

Ophelie-Zyneb dit ne plus faire partie des *toubabs* ou des mangeurs de cochon. Lorsqu'elle était enfant, elle avait honte de sa différence. À l'école, les élèves se répartissaient dans la cour de récréation entre les mangeurs de cochon et ceux qui n'en mangeaient pas. Je me retrouvais toujours dans l'équipe adverse d'Ophélie-Zyneb. Aujourd'hui, elle serait dans mon camp.

L'année dernière, il y avait une fille dans la classe de Machèle qui venait de Tunisie et qui mangeait du porc à la cantine. Tous hurlaient : « Une Arabe qui mange du porc?! C'est n'importe quoi! Tu fous la honte! » Tout le monde se moquait d'elle. Un jour, sa mère est venue se plaindre au professeur. Elle a expliqué que sa famille avait dû fuir la Tunisie après la chute de Ben Ali et qu'ils étaient athées. Elle s'étonnait qu'en France on puisse reprocher à sa fille de vivre sans aucune religion!

Ophélie-Zyneb se sent très respectée. Elle a le sentiment d'appartenir à une communauté, elle est très entourée de « frères et sœurs » qui la protègent : aucun homme n'a le droit de l'approcher. Hormis s'il veut l'épouser et, si c'est le cas, il doit y avoir un chaperon lors de leur rencontre.

— Tu sais, ils ne m'ont pas gardée ces bâtards à la mairie. J'étais animatrice dans les centres de loisirs. Les enfants s'en foutent de la manière dont je suis habillée. Soi-disant je ne peux pas animer des activités avec ma nouvelle tenue vestimentaire.

— Oui j'ai entendu ça. Il paraît que tu es passée sans transition du jean slim et cuissarde à l'*abaya*[1].

— J'en ai rien à faire. Je reste comme je suis.

— Qu'est-ce que tu vas faire alors ?

— Rien.

— Tu ne vas pas être femme au foyer ?

— Si. Mes nouvelles sœurs me soutiennent.

— Femme au foyer, et tu n'as ni mari ni enfant.

Depuis sa plus tendre enfance, Ophélie-Zyneb a toujours été attirée par ceux qui avaient une « origine ». Ils étaient franco-quelque chose. Eux avaient une identité, eux avaient une culture qui se voyait. Lors de la fête du ramadan, ils se rassemblaient. Ils offraient des gâteaux et des cadeaux. Ils priaient ensemble. Ça lui donnait tellement envie. Chez elle, il n'y avait rien. Sa mère travaillait tout le temps, elle ne la voyait que tard le soir. Quant à son père, il les a quittées quand Zyneb avait six ans. Au début, il venait les chercher, elle et son frère, pour passer le week-end ensemble, puis il a disparu. Plus de nouvelles, plus de visites et plus de pension alimentaire. Alors la mère a dû redoubler d'efforts. Elle a tellement travaillé que ses enfants ne la voyaient plus. La fratrie s'est sentie une nouvelle fois abandonnée. Quand ils rentraient de l'école, personne ne les attendait. Les demandes de rendez-vous des professeurs restaient vaines. Pas le temps ou beaucoup trop fatiguée. Alors les enfants sortaient tout le temps. Ils erraient, son frère et elle, ils auraient pu mal finir, mais le Bon Dieu gardait un œil sur eux, enfin surtout sur Zyneb. Son frère est en prison…

---

1. Vêtement féminin traditionnel dans les pays de culture musulmane au Moyen-Orient qui couvre l'ensemble du corps, à l'exception du visage, des pieds et des mains.

J'adore toujours mon professeur de français. Avec elle, j'apprends à composer et à disserter. Je craignais de ne jamais y arriver. J'ai toujours pensé qu'écrire était une activité pour les autres et qu'il y avait dans cette démarche quelque chose d'inné. À force d'écrire, on finit par apprivoiser cet art.

J'admire beaucoup Joséphine, qui incarne pour moi la liberté, avec ses longs cheveux bruns qu'elle laisse tomber sur ses épaules, et son élégance : elle soigne toujours sa tenue.

Désormais, je ne suis plus en retard. Je quitte l'appartement familial de plus en plus tôt. À 7 h 15. Ce qui surprend ma mère :

— Pourquoi tu pars à cette heure ?

— Je suis déléguée de classe et il y a une réunion, il faut que j'y aille. C'est une obligation.

Ma mère hoche la tête.

Je sors avec sur le visage un grand sourire de satisfaction. Je les ai encore eus !

Je cours dans la cage d'escalier du bâtiment A de la résidence Arthur Rimbaud et sors de mon sac le trésor d'Ali Baba. Des bijoux, une robe, un t-shirt et du maquillage!

Je choisis de porter ce t-shirt moulant avec une jupe. Je sors mon maquillage et me mets du blush sur les joues, puis j'appose un trait d'eye-liner sur la paupière du dessus et finis par souligner mes lèvres avec un peu de rouge. Je me regarde dans le miroir de l'ascenseur. Maintenant, direction le lycée.

Je regarde à droite et à gauche au cas où je croiserais un de mes parents, puis je retrouve mes copines Aurélia, Sophie et Fatma.

La porte du lycée s'ouvre. Aurélia, Sophie, Fatma et moi entrons dans l'arène. Les regards se tournent vers nous.

— Hey, les *Destiny's Child*.

Nous sourions. La comparaison est grandement appréciée. Nous nous rendons au cours de maths et nous asseyons au fond de la classe.

— Alors quoi de neuf?

— Rien. J'aimerais beaucoup passer du temps avec Estéban.

— Estéban.

— Chut, tais-toi Maya.

Estéban se retourne.

— Franchement, il est beau gosse.

— Sans plus.

— De quoi tu parles Maya. Toi, on ne te voit jamais avec un gars.

Je me sens honteuse, une nouvelle fois décalée.

Le professeur nous interrompt.

— Les trois filles, je vous demande de vous taire.

Nous nous arrêtons deux minutes avant de reprendre notre discussion.

— Ça sonne dans combien de temps ?

— Cinq minutes.

— Le cours est passé trop vite.

Toutes, nous rions.

Pour le cours de français qui suit, j'abandonne mes amies et j'écoute.

Joséphine nous observe, car certains d'entre nous se sont assis avant qu'elle nous en donne la permission. Par le regard qu'elle leur lance, ils comprennent vite qu'ils doivent se relever.

— Bien. À présent, vous pouvez vous asseoir !

Je sors mon classeur et mon livre. *Le Père Goriot.* Je regarde la couverture et je me souviens du passage que m'avait fait lire Clémence, il y a quelques années. Je souris. Elle avait compris que chez moi, c'était l'inverse. Les enfants se sacrifient pour leurs parents.

Aurélia me demande une feuille pour noter le cours. Tout le monde n'a pas apporté le livre ou plutôt ne l'a pas acheté. On doit donc suivre la lecture de l'extrait à deux, voire à trois. Encore une fois, je dois le prêter.

Joséphine lit. C'est un délice.

— *Âgée d'environ cinquante ans, madame Vauquer ressemble à toutes les femmes qui ont eu des malheurs. Elle a l'œil vitreux, l'air innocent d'une entremetteuse qui va se faire gendarmer pour payer plus cher, mais d'ailleurs prête à tout pour adoucir son sort…*

Une main se lève.

— Oui ?

— Qu'est-ce qu'une entremetteuse ?

Je me manifeste.

— C'est une femme qui arrange les unions, les mariages.

— Oui, mais on dira plutôt que c'est une personne qui joue le rôle d'intermédiaire pour faciliter un accord. Et certains de ces accords sont de l'ordre de l'union. Comment appelle-t-on cette manière de décrire un personnage ?

— Une description.

— Oui pour un paysage ou un lieu, mais pour des personnages ? Maya ?

— Un portrait.

— Exactement. Aujourd'hui, je vais vous demander d'écrire un portrait, imaginaire ou pas, une description physique et morale d'un personnage en une dizaine de lignes. Je vous demande de faire cet exercice pour que vous sachiez le reconnaître. Vous êtes encore beaucoup trop nombreux à oublier de définir l'extrait que je vous propose. Est-ce un incipit ? Un portrait ? Une scène d'exposition lorsqu'il s'agit d'une pièce de théâtre… ? Écrivez maintenant !

Je choisis de décrire ma sœur Machèle.

> *C'est une jeune fille mince qui porte toujours des jeans beaucoup trop grands. Elle a les yeux en amande et de couleur marron. Elle sourit rarement mais, lorsqu'elle le fait, elle éblouit son interlocuteur. Cette personne n'a pas froid aux yeux. Elle dit ce qu'elle pense sans se soucier des conséquences…*

Le professeur jette un œil par-dessus mon épaule. Je déteste ça.

— Continue…

Joséphine retourne à son bureau. Elle est si brillante. Elle nous fait découvrir tellement de choses, nous amène à la littérature sans que nous nous en rendions compte. Tout paraît simple, fluide avec elle. Elle nous nourrit de références, passe d'un livre à l'autre, fait des parallèles entre les auteurs, les textes, les ancre dans un courant. Nous apprenons tant ! Quelle chance nous avons ! Souvent, pour provoquer les garçons, elle cite des figures féministes ; n'ayant pas sa vaste culture, ils se retrouvent sans voix. Il y a une phrase que j'ai apprise par cœur et me récite dans mon for intérieur lorsque je me retrouve face à mon père :

> *Personne n'est plus arrogant envers les femmes, plus agressif et méprisant, qu'un homme inquiet pour sa virilité*[1].

1. Simone de Beauvoir, *Le Deuxième sexe*, 1949.

Les cours s'enchaînent jusqu'à 16 heures. C'est la fin pour mes camarades de classe, pas pour moi. Je choisis de rester au lycée jusqu'à 18 heures. La réunion des délégués est un prétexte pour fuir mes parents.

Avant d'arriver chez moi, je me faufile au quatrième étage, retire ma tenue, me démaquille, puis reprends l'ascenseur.

Tout le monde est assis devant la télévision. Je rejoins ma chambre, retire mon pantalon et enfile un pagne. Je suis prête pour ma deuxième journée. Ma mère est déjà dans la cuisine. Elle m'attend.

— Maya, ton école est vraiment bizarre. Vous avez tous les jours des réunions jusqu'à 18 heures, parfois même le samedi. Tu n'es pas fatiguée ?

— Maman, on n'a pas le choix ! (Je me retiens de rire.) Comme je suis déléguée, il faut que j'y aille. Je suis obligée.

— L'année prochaine tu arrêtes ça. C'est trop de problèmes.

— Oui Maman.

— En plus, tu vas bientôt te marier. Tu dois toujours être à la maison avec ton mari.

Je baisse la tête. Mon sourire a laissé place à la colère. Je prends la poêle dans la main, ma mère me tourne le dos, je feins de lui mettre un coup de poêle sur la tête. Je ris. Ma mère se retourne. Je lave le poisson, fais de jolies striures sur la peau.

— Regarde Maman, on dirait tonton Saliou.

Ma mère rit. Il fut un temps où je cherchais ce sourire pour exister. Aujourd'hui, j'en ai fait le deuil. Mais son rire, si rare, me fait plaisir.

Tandis que je m'occupe du *marafo*[1], ma mère coupe les *alokos*[2] et les oignons.

1. Plat qui désigne de la viande ou du poisson.
2. Bananes plantain.

Je descends et rencontre les gars de la cité. J'en connais quelques-uns. On a été ensemble jusqu'au collège, puis la conseillère d'orientation les a orientés vers la professionnalisation, restauration, aide aux personnes. Ils n'ont pas tenu le choc et ont fini par se désorienter en optant pour une activité beaucoup plus risquée mais plus lucrative aussi. Mon ami Ali a commencé *chouf*[1], aujourd'hui il fait la nourrice[2].

— Hey, ma sœur, comment ça va ! Bien ou bien ?

— Bien, tranquille.

— Quoi de neuf ?

— Rien, que le lycée.

Je jette un coup d'œil à mon balcon. Mon père n'est pas là.

— Et toi alors ?

— J'ai eu une promotion.

— Ah ouais !

— Eh oui ma sœur. On avance, oui. C'est ça le *business*. T'es au courant pour Khady ?

1. Guetteur.

2. Il garde la drogue, chez lui ou ailleurs.

— Non.
— C'est son mariage vendredi.
— Ah bon ?
— Est-ce qu'elle est au courant la sœur ? dit Boulaye.

Boulaye a choisi un pseudonyme pour ses clients : Brigitte. Si la police arrête un consommateur, celui-ci donnera le prénom Brigitte. Il pense que la police ne fera pas le rapprochement.

— C'est son cadeau. Elle va rentrer du lycée, on va la choper et on va la donner à son mari.

Un coup de sifflet retentit. Les gars se dispersent et je me retrouve seule. Je tourne la tête, la BAC apparaît. Je reprends mon chemin. Je me sens mal. Je n'arrive pas à comprendre pourquoi on nous force à vivre comme nos mères. Je pensais que la famille attendrait au moins l'obtention du bac avant de nous marier. Je sais que je vais devoir répondre à cette injonction.

Je cours vers le lycée. En passant devant une porte vitrée, je me rends compte que j'ai oublié de me changer.

Khady s'avance vers moi. Elle porte un jogging noir. Son tee-shirt sort de son pantalon. Encore une fois, Khady s'est battue. Encore une fois elle est punie. Elle rumine devant la porte du bureau du conseiller principal d'éducation.

— Alors t'es au courant. Fais pas semblant, Maya. Je sais que ça parle à Rimbaud.

— Oui, c'est Brigitte qui me l'a dit.

— Lui, là !

Khady rit.

— Qu'est-ce que tu vas faire ?

— Qu'est-ce que tu veux que je fasse ? Franchement, mieux vaut ça plutôt qu'on me coince au bled. Je vais me marier, je vais faire des gosses et en plus il est gentil. C'est ça la vie !

— Mais tu ne veux pas avoir ton bac ? Comme ça tu pourras faire les études que tu veux et avoir un métier qui te permettra d'avoir ton propre argent. Joséphine, la prof de français, dit que le savoir c'est la liberté.

— Ça c'est pour les *toubabs*, pas pour nous, ma sœur. Nous c'est mariage, gosses et petits boulots. Le rêve que tu viens de me raconter, c'est pour les autres. Regarde, encore une fois, je vais être collée. C'est toujours la même chose.

— Tu t'es encore battue. C'est pour ça que tu es punie. Si ça avait été quelqu'un d'autre, ça aurait été pareil.

— Mouais. En tout cas, notre disque dur, on peut pas le changer comme ça ! Bon, ma sœur, je suis attendue.

Le conseiller principal d'éducation ouvre la porte, Khady se relève.

J'arrive à l'atelier théâtre. Il est là ! Carl, l'intervenant. Toutes les filles de la classe l'adorent.

Joséphine est arrivée aujourd'hui avec toute une panoplie de costumes. Cette année, nous présentons une pièce de théâtre. Toutes les terminales ont un projet de classe. Le théâtre nous a été imposé mais je suis ravie de pouvoir jouer. D'autant plus que Haroun, mon petit frère, a annoncé à mes parents qu'il voulait devenir comédien. Mes parents n'ont pas relevé. Désormais, il se rend une fois par semaine à des cours de théâtre. Il paraît qu'il a du talent. On le laisse faire pour l'instant parce que c'est un garçon, il n'y a donc pas de risque de perdition. J'en ris, mais si j'avais osé prétendre vouloir jouer la comédie, on m'aurait enfermée jusqu'au mariage. Telle Agnès dans *L'École des Femmes* de Molière, j'aurais pu finir par croire que les enfants se font par les oreilles !

Joséphine croit en nous et nous pousse. Elle veut que nous apprenions un texte, que nous nous mettions dans la peau de nos personnages, toujours cette volonté de nous élever, de nous lancer des défis. Il nous faut donc endosser des costumes pour enfin quitter les nôtres, nous libérer des nôtres !

Mon regard se tourne vers Joséphine. Quelle belle femme et quelle intelligence. Nous jouons une adaptation du livre de Gustave Flaubert, *Madame Bovary*.

Je souhaitais jouer le rôle d'Emma mais il a été attribué à une autre. À Khady, mais elle n'est pas là aujourd'hui. C'est donc moi qui la remplace. Charles Bovary est interprété par Carl.

Tout le monde se disperse alors que Carl et moi montons sur scène. Khady arrive en courant.

— C'est moi Emma, qu'est-ce que tu fais ?

Carl la regarde.

— Mettez-vous en place et taisez-vous ! dit le professeur.

Je retourne dans le public et m'assois près d'Aurélia.

— Franchement, ça ne se fait pas, lui dis-je.

— Tais-toi, Maya, me répond-elle.

Khady – Emma – observe Carl – Charles :

— *Cherchez-vous quelque chose ?*

— *Ma cravache, s'il vous plaît.*

Les autres élèves :

— Tombe par terre. Allez fais-le !

Khady tombe au sol et Carl s'approche. Le regard de Khady semble craintif, puis Charles se frotte contre elle. Ce qui déclenche un fou rire. Certains sortent leur téléphone pour filmer la scène.

— Non Khady, pardon, Emma, dit Joséphine. Tu dois ramasser la cravache qui se trouve entre les sacs de blé. Et les autres, arrêtez de dire n'importe quoi ! On reprend.

Les deux protagonistes se relèvent.

— *Cherchez-vous quelque chose ?*

— *Ma cravache, s'il vous plaît.*

Carl – Charles – s'avance, sa poitrine frôle le dos de Khady – Emma – qui est courbée sous lui. Elle se redresse, *tchipe* Carl en lui tendant son nerf de bœuf.

— Avez-vous compris cette scène ? Elle est très implicite. À votre avis, que représente le nerf de bœuf ? Oui, Joseph ?

— Le *zguegue*.

— Oui, c'est ça, mais vous pourriez le dire autrement.

— Madame, vous voulez que je joue du porno comme ça, sans me prévenir ? Moi, j'ai une réputation à tenir.

Toute l'assemblée rit. Un camarade lance :

— Heureusement Maya que t'as pas joué cette scène de *ouf*.

J'acquiesce. Moi aussi, j'ai une réputation à tenir.

Joséphine n'évite pas de parler de désir, de sexualité puisqu'elle a choisi Emma Bovary ! Elle n'a peur de rien, elle ne cherche pas à nous choquer pour nous choquer, le but n'est pas de nous mettre mal à l'aise, mais elle refuse la censure. Elle refuse de préférer une scène plutôt qu'une autre pour des raisons « morales ». En quelque sorte, Joséphine nous affronte, nous et nos contradictions, nous qui oscillons entre la pudibonderie (de par nos coutumes, nos parents, la religion) et nos hormones, qui indéniablement à cet âge nous travaillent. Et grâce à elle, nous maîtrisons à présent l'implicite et l'ironie !

Samedi matin, ma mère s'affaire dans la cuisine. C'est un grand jour. C'est le mariage de Khady. Je ne dis rien. J'observe ma mère tout émoustillée à l'idée de s'y rendre.

— Tu ne viens pas, Maya ?

Je fais non de la tête.

— J'ai mal au ventre.

Les heures passent. Maintenant, c'est fait. Elle est mariée. Qui sera la prochaine ?

Depuis plusieurs jours, mes nuits sont agitées. Je pleure sans cesse. On a marié Khady. Elle dit que c'est ça la vie. Et qu'elle va avoir des enfants avec cet homme qu'elle ne connaît pas.

Je me sens si seule. Je sais que je vais aussi passer par là. C'est obligé. Ça doit être écrit quelque part. On va me choisir un mari et je vais l'épouser. Je suis très en colère contre Khady qui se laisse faire. Mais pourquoi ne se révolte-t-elle pas ? Pourquoi se laisse-t-elle faire ? Elle ne se rend pas compte qu'à cause d'elle, on sera obligées de suivre son chemin ! Khady est lâche.

Quand on ose me dire que je suis française et que j'ai des droits ! Oui, mais tout ça c'est de la théorie. Les droits, c'est pour les autres ; les devoirs, c'est pour nous. Au lycée, on a eu des cours d'éducation sexuelle et on nous a parlé de la liberté sexuelle de la femme. Tu parles ! On a subi l'annihilation de notre corps, donc il n'y a pas de place pour la liberté.

Je rêve de vivre en étant libre de mes choix et à l'écoute de mes désirs, mais cette vie n'est sans doute pas pour moi. Est-ce que Khady a raison ? On est conditionnées ! Comment nettoyer le disque dur ? Je m'éloigne de plus en plus de mes parents. S'ils savaient… Je n'ai même pas envie d'avoir un enfant ! Je suis une femme et je ne veux pas me reproduire. Est-ce par égoïsme ? Sans doute. Mais où se situe l'égoïsme ? Dans le choix de ne pas faire d'enfant afin de demeurer sans entrave, ou plutôt dans celui d'enfanter afin de combler un vide intérieur ? Je chéris tant ces espaces de liberté, si durement acquis, je les chéris trop pour les sacrifier. Combien de temps pourrai-je maintenir cette résistance ? Mon quotidien finira-t-il par m'engloutir ?

J'ai perdu de vue Ashley après le collège. Je l'ai croisée par hasard hier, je ne l'ai pas tout de suite reconnue. Grand changement, ou plutôt grande transformation physique. Chaque enfant lui a coûté dix ans. Elle a mon âge et en paraît vingt de plus. Elle se dit heureuse, mais ses traits tirés disent le contraire.

Elle m'a semblé très fatiguée et souffrir de solitude, son conjoint très occupé est souvent absent. Ses enfants priment, elle s'est oubliée. Elle dit que c'est dur, mais que les voir balbutier, jouer, dessiner, chanter, font son bonheur. Moi cela me désespère. Se réjouir de si peu. On me répète sans cesse : lorsque tu en auras, Maya, tu comprendras. Eh bien non, décidément, je n'en veux pas. Trop de sacrifices, trop de bouleversements, trop, trop et trop. Surtout, je ne souhaite pas que cet être en construction porte mes tares, mes soucis, mes angoisses et mes échecs. Ce mini-moi est l'innocence, la pureté, il mérite ce qu'il y a de mieux dans ce monde et je ne pourrai le lui apporter. Ce mini-moi n'est d'ailleurs pas la continuité de ma personne, mais bien un individu à part entière.

J'appartiens à une famille où l'on se reproduit jusqu'à ce que le corps dise STOP. Autrefois, on avait besoin de bras pour travailler aux champs et surtout pour prendre en charge toute la famille. On naissait et on faisait naître sans se poser de questions. Aujourd'hui, j'ai décidé de m'en poser. On n'a plus besoin de bras, mais plutôt de têtes qui pensent. Nous devrions donc opter pour le bien-être de chacun et non pour le bon fonctionnement du groupe.

Non, je ne veux pas d'enfant. Je ne souhaite en aucun cas déformer mon corps que je commence à peine à accepter. Toutes ces heures à cogiter dans mon lit pour essayer de comprendre et d'accepter mon identité de femme. Je ne peux gâcher tout le travail accompli en mettant un enfant au monde. On n'a pas terminé de grandir, mais on se reproduit : une enfant qui enfante ! Sans questionnement, on répète à l'infini.

L'enfant concrétiserait l'amour entre l'homme et la femme. Le temps passe et ce qui a consolidé l'amour finit par le détruire. L'enfant de l'amour devient celui du désamour.

Non, je ne veux pas d'enfant. Une question me taraude : toutes ces femmes-mères ont-elles choisi un homme qui répond à leurs désirs, ou un homme qui ferait un bon père ?

J'ai eu mon bac. Je suis si contente. En plus, je l'ai obtenu avec une mention. Malgré tout, mes parents sont fiers. Je suis la première de la famille à l'obtenir. Pour eux, c'est une marque de réussite, car ils entendent régulièrement parler de ce diplôme par les voisines, les amis et la télévision. Leur fille est désormais bachelière ! Même s'ils n'y sont pour rien, mon père et ma mère s'octroient le mérite de cette réussite alors que leur éducation a été un frein. Ils doivent même se dire que leur autorité m'a préparée à la réussite. Mais en les regardant, je ressens de la compassion pour eux. Ils ne pouvaient remettre en cause le « modèle » d'éducation et de vie qu'ils ont reçu, ce serait détruire le socle sur lequel ils se sont bâtis.

Mon père m'a offert cent euros et ma mère cinquante. J'ai acheté des vêtements et suis allée avec quelques amies au restaurant pour fêter ça. Cette journée a été magnifique. Pour la première fois, j'ai eu l'impression que je pouvais choisir la vie que je voulais mener. Mes amies veulent entrer en IUT, d'autres en BTS. Pour ma part, ce sera l'université à Paris. Ça va me permettre de sortir de ma banlieue.

De retour à la maison, la réalité me frappe de plein fouet.

— Maya.

— Oui ?

— Change-toi et retrouve-nous dans le salon.

Qu'est-ce qu'ils me veulent ? Pas envie de gâcher cette euphorie.

— Maintenant que tu as ton bac, tu peux te marier.

— Mais Papa, si j'ai eu mon bac, c'est pour aller à l'université.

— Ça veut dire que tu vas jamais finir, toi !

Ma mère intervient.

— Tu peux te marier et poursuivre tes études. On a déjà vu ça.

— Non, j'en ai pas envie.

— Tu vas rester comme ça, toi. Vraiment les enfants de France sont compliqués.

Je me lève et rejoins Machèle dans la chambre.

— La daronne, elle met une pression de malade pour qu'on se marie, me dit-elle. Ils m'ont fait le même plan juste avant toi. Pour elle, il n'y a que le mariage qui compte. De toute façon, tu t'en tapes. Tu t'inscris à la fac. Avec nos parents, on doit les mettre devant le fait accompli. Si tu les laisses choisir pour toi, c'est mort.

Je souris.

— C'est l'heure de Céline.

— *Yes* ma sœur.

— Mais pourquoi tu l'aimes ?

— Je ne sais pas. Je l'aime, un point c'est tout.

— Tu ne peux pas expliquer ?

— Je sais juste qu'elle me donne la force d'avancer et de voir au-delà de ces tours qui nous entourent.

Dans quelques jours, la rentrée universitaire a lieu. À cette occasion, je vais me faire tresser les cheveux dans un salon de coiffure du 18e arrondissement de Paris. Machèle m'accompagne.

Dès la sortie du métro, des hommes nous interpellent :

— Viens coiffer, viens coiffer.

Un autre se rapproche.

— Tu veux faire tes ongles ?

Un autre :

— Moi je te fais un bon prix ma sœur.

J'attrape la main de ma petite sœur et m'y accroche de toutes mes forces.

— Qu'est-ce tu veux qu'ils te fassent ? Bon les gars, combien pour une coupe pour ma grande sœur qui rentre à l'université ?

— Pas cher, pas cher.

— Chez moi c'est encore moins cher que chez lui !

— Est-ce que vous avez compris les gars ? Je parle d'université. Je parle de la Sorbonne.

Les métros continuent d'arriver et de repartir dans un crissement à chaque fois.

— Bon les gars, on vient dans le salon de celui qui a déjà été à La Sorbonne.

Je tape du pied.

— Arrête Machèle, on y va. On n'a pas le temps de jouer.

— Mais je suis très sérieuse.

— Toi t'y as été ? lui répond l'un des gars.

Un homme à l'arrière interpelle Machèle à son tour :

— Est-ce que toi t'y as été ?

— C'est vrai ça, renchérit un autre, est-ce que tu connais l'UNIVERSITÉ ?

Les hommes rient.

— Vous, c'est plutôt : est-ce que vous avez déjà été à l'école ?

— Tu plaisantes Machèle, tu t'embrouilles avec eux pour savoir qui a été à l'université !

Machèle reprend.

— Non, je n'y ai pas été, mais ma sœur oui, alors c'est comme si c'était moi.

— Et toi alors, est-ce qu'il y a un membre de ta famille qui y a été ?

— Ça va pas chez toi, Machèle. Je viens pour me faire coiffer et toi tu débats.

Je tire le bras de ma sœur. Elle recule d'un pas et poursuit la conversation.

— Franchement non, ça se voit à ta tête !

Nous finissons par suivre le moins bavard. Nous entrons dans un salon plein de femmes plus ou moins jeunes. Certaines sont en train d'être coiffées. D'autres portent un casque sur la tête. Il y a aussi deux vieilles dames assises l'une en face de l'autre qui discutent. On pourrait croire qu'elles sont chez elles. Le bruit des sèche-cheveux ne les dérange pas. Puis arrive une femme qui vend des accessoires. Les coiffeuses nous saluent et nous montrent deux sièges.

— Asseyez-vous, dit l'une d'elle en me pointant du doigt : la prochaine, c'est toi.

Les langues se mêlent. On y entend du wolof, du bambara, du peul, du wassa… Les femmes rient.

— Regarde, elle a presque fini, me dit Machèle.

La coiffeuse tresse les cheveux mèche après mèche. Tout d'abord, elle prend une petite touffe, la sépare en trois, puis la tresse en la serrant au maximum afin qu'elle ne se défasse pas. Une femme touche mon épaule et me fait signe de m'asseoir ailleurs.

Je m'exécute. Je porte aujourd'hui un foulard, car je ne veux pas que l'on me voie non tressée. La femme me retire le foulard et ma chevelure se déploie.

— Jolis cheveux.

Je souris.

La femme prend un sèche-cheveux, un peigne et me les démêle.

Je grimace. Elle tire. Je grimace une nouvelle fois en espérant qu'elle fasse attention. La femme tire encore une fois et dit :

— Tes cheveux sont longs.

Elle tire encore.

— Stop. C'est bon. Il n'y a plus de nœuds.

La femme me repousse de la chaise afin que je rejoigne ma sœur.

— Cette apprentie est *ouf*, Maya ! Comment elle a tiré tes cheveux !

— Je te jure.

— J'ai cru qu'elle voulait te les arracher.

— C'est clair.

— Son CAP, eh bien elle ne l'aura pas.

Nous rions.

Le temps passe. Les aiguilles continuent d'avancer. Machèle s'avance vers la coiffeuse et pointe sa montre.

— Bon, ça fait plus d'une heure.

— C'est bientôt.

— Bientôt quand ?

— Ma sœur, fais doucement. Tu sais, le samedi il y a beaucoup de monde, lui dit la coiffeuse.

— Alors pourquoi tu nous as pris ? lui rétorque Machèle.

— Bientôt ma sœur, après c'est toi.

Les minutes passent.

— C'est bon, viens.

Je m'assois sur le fauteuil et la femme me fait des tresses collées sur le crâne. On y voit des lignes qui les séparent.

— C'est trop serré.

— Sinon ça va vite se défaire.

— Si, c'est trop serré. Je pose la main sur mon crâne, puis la coiffeuse me la prend et la retire.

— Non, laisse.

Je me tords sur la chaise jusqu'à ce qu'elle termine.

— T'es trop belle, ma sœur.

Je paie la femme et nous sortons du salon.

— Qu'est-ce que t'as au cou Maya ?

— Elle a tellement serré que je ne peux plus bouger le cou.

— Et c'est quoi le truc jaune qui brille ?

— Du beurre.

— Du beurre ?

— Elle dit que c'est pour que mon cuir chevelu se détende.

Nous rions, Machèle franchement, moi en souffrant.

Pour ma rentrée universitaire, je porte une nouvelle tenue : pantalon, chemise, bottines et sac de couleur noire. Mes tresses ne me font plus mal.

— Tu vas à un enterrement ?

— T'es bête…

Machèle, elle, n'a pas de rentrée : elle a arrêté l'école et se cherche encore. Lorsqu'elle a annoncé cette nouvelle, personne ne s'en est offusqué sauf moi. Désormais elle erre et passe son temps à chatter sur les réseaux sociaux. Elle se vante d'avoir plus de mille amis. Machèle voudrait vivre la même vie que les influenceurs. Ma sœur les vénère. Ce sont les nouveaux modèles des filles de Rimbaud. Désormais, la place du marché est devenue le lieu où ma sœur et ses copines se prennent en photo et font des *story* sur leur compte Instagram. Chaque fois que je passe devant ces dernières qui se photographient, une nouvelle fois le regard d'Arthur Rimbaud se pose sur moi, interrogatif. Je hausse les épaules. Toutes veulent un morceau de sa mèche blonde en arrière-plan. Le nouvel objectif étant de devenir à leur tour influenceuses afin que les grandes marques les paient pour faire la promotion de leurs produits…

Je prends la direction du quartier latin. RER D puis RER B. Je me pavane devant les immeubles haussmanniens. J'entre dans le jardin du Luxembourg et marche jusqu'au Sénat. Elle avait raison, Joséphine. C'est magnifique.

Je pense souvent à elle. J'aurais aimé garder un lien, mais elle ne le fait pas avec ses anciens élèves. Elle m'a transmis ce qu'elle avait à me transmettre. Cette femme m'a donné le goût de la littérature.

Je suis sur la place de la Sorbonne, je lève les yeux. Tout est beau ici. J'entre dans l'amphithéâtre, mes larmes coulent. La beauté m'émeut. Je baisse la tête et observe les autres. Tous les étudiants ont l'air de se connaître. Une jeune fille s'assoit près de moi. Je n'y prête pas attention. Je suis absorbée par la splendeur des lieux. Les professeurs prennent la parole à tour de rôle. Je n'y prête pas attention. Les étudiants posent des questions sur le déroulement du semestre, je n'y prête pas attention. Je sors mon agenda et finis par noter : *Aller à la Comédie-Française.*

De retour chez mes parents après une journée à l'université, je retrouve notre intérieur empli de monde, de bruit et qui pourtant me semble vide.

Je file dans la chambre pour terminer la lecture du livre de Zeruya Shalev, *Douleur*. Un mariage de convenance, des problèmes de communication avec les enfants, une vie que l'on subit jusqu'à un tragique accident. Ces histoires me parlent, me touchent, me font réfléchir. Doit-on frôler la mort pour s'affranchir des dogmes que l'on nous impose ? Pour ma part, j'ai de moins en moins la force de m'opposer à tout cela. Je suis trop abîmée malgré mon jeune âge. Je me sens toujours déchirée entre deux mondes. D'un côté je me déploie, je m'instruis, de l'autre je me sens redevable vis-à-vis de mes parents, et cette loyauté est une prison. Il faudrait choisir entre ces deux vies, mais la rupture serait totale, et le retour en arrière impossible ! En suis-je capable ?

Je rentre de l'université et croise ma sœur en bas de l'immeuble.

— Maya, Maya, mais Mayaaaaaaaaa ! Regarde comme je contrôle.

Machèle joue avec un ballon de football. Les gars la rejoignent.

— Fais une passe, allez, fais la passe.

J'accélère le pas et lui fais signe de rentrer avec moi.

— Papa nous regarde.

— Et alors, je fais rien de mal.

— Vas-y, viens !

— Non, je fais rien de mal.

— Eh bien tu le connais, non ! Tu sais bien comment il fonctionne, tu fais comme si tu ne le connaissais pas ?

— J'en ai marre de ses règles à la con.

— En plus tu joues avec les garçons ! On est mortes.

J'ai peur. J'attrape ma sœur et la tire jusqu'à notre immeuble. Nous prenons l'ascenseur.

— Je suis sûre qu'il va nous descendre.

Machèle rit.

Les portes s'ouvrent. Nous nous jetons dans le fond de l'ascenseur pour échapper à la ceinture qui se déploie. Les coups pleuvent. Le père attrape Machèle et lui assène deux gifles sur le crâne. Puis il m'attrape le bras et le tord ; de ses poings frappe mon dos. Soudain sa ceinture tombe au sol, nous en profitons pour sortir de l'ascenseur, mais il la ramasse et nous court après. Il nous dépasse et bloque l'accès à la salle de bains. Des coups, encore des coups jusqu'à ce qu'il soit essoufflé et crie hors de lui :

— Tu vas mal finir !

Je m'effondre. Machèle, elle, ne pleure pas. Ma petite sœur soulève mon pull, les traces de ceinturon sur mon corps sont bien visibles. Elle me serre dans ses bras et me dit :

— Arrête de pleurer, ma sœur. Il faut que tu t'endurcisses. Il ne faut pas leur montrer nos faiblesses.

Le lendemain, avec quelques étudiants de ma promotion, je vais boire un verre. Je fais comme si de rien n'était. Mon corps est endolori et la scène d'hier me hante encore.

Au téléphone, j'entends Pauline, une amie de la fac, annoncer à son père qu'elle dort chez son copain… Son père sait donc qu'elle couche avec son copain ! On ne vit vraiment pas sur la même planète.

Je m'interroge sur les environnements de chacun. Je dis souvent qu'un individu est un monde à part entière. Et qu'entre mes amis et moi, un fossé nous sépare. Moi je le sais, mais eux l'ignorent. Ils pensent tous que nous vivons de la même manière. Je suis en licence d'arts plastiques, j'étudie la philosophie de l'art, l'histoire de l'art et me rends à des cours pratiques. J'aime particulièrement la sculpture. Mes camarades ont des habitudes que je peine encore à avoir. Régulièrement, ils se rendent au cinéma, au théâtre et vont voir des expositions. Ils habitent presque tous à Paris, sont de milieux sociaux intellectuels plutôt favorisés, et méconnaissent la banlieue. Pour eux, c'est une contrée dont ils entendent parler lorsqu'il y a des émeutes.

Je suis la camarade différente, typée et discrète. Je ne parle presque jamais de ma vie personnelle et reste très évasive. Ils s'accommodent de mon silence, de ma distance et de mes absences – je ne vais pas aux soirées organisées. Je m'autorise en journée à aller de temps à autre chez Iris qui nous invite souvent pour regarder un film ou simplement discuter. L'autre jour, elle m'a demandé combien j'avais de frères et sœurs.

— Sept, ai-je répondu assez gênée.

— Eh bien, tes parents n'ont pas chômé !

Je souris par politesse, mais sa remarque me blesse. Je me sens décalée, pas à ma place.

Je crois qu'être née femme est une grande injustice.

Il n'y a rien de pire dans ce monde que d'être une femme. Hors de l'Occident, la femme est utilisée comme appât, comme bouclier ou comme arme de guerre.

Dès votre naissance, vous sentez le lourd fardeau peser sur vos épaules. Vous vous demandez : « Qu'ai-je fait pour subir cela ? » La réponse est simple : tu es née femme, donc tu subis la malédiction d'Ève.

Petite, on m'a préparée à devenir une femme, une mère. Pour Noël, on m'offrait des mini fers à repasser, des mini cuisinières, des mini casseroles, des mini couteaux, des mini cuillères, des mini fourchettes, ainsi que des mini femmes, des poupées. Tout pour devenir une parfaite femme au foyer. Qui est ce *on* ?

Ma famille, mais aussi la société tout entière. Il suffit de regarder les rayons filles des magasins de jouets. Par contre, à mes frères, on offrait la panoplie du superhéros, du justicier, tout l'attirail qui prépare à jouer un rôle important en dehors du foyer familial. Leur sexe d'hommes en devenir, car ils n'étaient que des enfants, leur donnait des droits inaliénables : celui d'être respecté et d'avoir un ascendant sur moi qui serai toujours sous la responsabilité d'un homme – père, frère, mari. Eh oui, je fais partie du sexe faible. Ils apprenaient à être, tandis que moi j'apprenais à devenir objet. Il n'y a rien de pire que d'être une femme. C'est une malédiction : les menstruations et la douleur de l'accouchement. D'autant plus que, dans certaines contrées, la parole d'une femme n'a aucune valeur ou elle vaut le quart de celle d'un homme. Quelle générosité ! On doit la cacher, elle est la tentatrice, puisqu'elle est la cause des méfaits de l'homme. Alors on la recouvre d'un drap. Femme n'a pas le droit de conduire. Femme n'a pas le droit de vote. Femme bafouée, femme battue, femme lapidée, femme violée, mutilée. Comment être soi et non celle qui joue le rôle que d'autres ont écrit pour elle ? C'est un combat sans fin. Je suis femme et de couleur noire. Pour l'homme blanc, elle est une curiosité exotique, tandis que l'homme noir l'étouffe avec son protectionnisme exacerbé. Je dois sans cesse prouver que je suis plus que mon enveloppe corporelle. Les regards des autres m'enferment.

Est-ce ma couleur de peau qui définit mon identité ? Est-ce mon sexe qui définit mon identité ?

J'arrive à la maison et je mange tout ce que je trouve. Des gâteaux, du pain, du chocolat, des frites. Puis je vomis. J'ai mangé pour remplir un vide. J'ai mangé, puis j'ai vomi pour ne pas grossir. Mon corps m'écœure. Je peine à suivre les cours, je suis de plus en plus perdue.

J'ai envie que l'on m'aime, j'attends que l'on m'aime, j'attends que l'on me prouve que j'existe. J'attends que l'on me redonne vie. Mais j'ai peur des hommes, je ne veux pas être en couple, je veux être libre et cesser d'éprouver ce sentiment d'incomplétude.

Machèle est partie, ou plutôt elle a été mise dehors. Elle a osé bafouer l'interdiction ultime : fréquenter un garçon. Toute la résidence était au courant, même au bled. Ma mère recevait des coups de fil de ses sœurs qui l'interrogeaient sur le devenir de Machèle.

— Tu vas nous mettre la honte sur toute la famille. Il paraît que ta fille se balade avec un garçon sans se cacher, alors qu'elle n'est pas mariée.

— Je ne sais plus quoi faire, ma sœur, disait-elle en pleurant.

— Ta fille a dû être envoûtée.

Depuis plusieurs semaines, en effet, Machèle se promenait main dans la main avec son petit ami. Tout le monde était surpris de son attitude. Les qu'en-dira-t-on dictent nos vies à la cité. J'ai quelques amis garçons, mais les vois en cachette. Machèle fait et expose. Mes parents parlent de l'envoyer au pays pour apprendre les bonnes manières. Et au passage, s'ils pouvaient la marier, ce serait comme racheter sa virginité…

Je regarde le lit vide de ma sœur et je ressens de la colère à son encontre. C'est de sa faute si elle s'est retrouvée dans cette situation. Pourquoi l'a-t-elle dit au lieu de faire comme tout le monde ! Elle agit comme si elle ne connaissait pas les parents, qui s'estiment salis.

— Maya, viens dans le salon.
— J'arrive.
— Assieds-toi. C'est quand que tu vas finir d'étudier ?
— Il me reste un an, peut-être deux.
— Non, c'est trop. Tu n'as pas besoin d'aller jusque-là.
— Mais…
— Pour quoi faire ? Apprends à te contenter de ce que tu as déjà. Pas la peine de faire comme les autres Français. Nous, nous sommes différents. Le plus important pour une femme est de se marier et d'avoir des enfants. Avec tes études, tu peux déjà trouver un travail.
— Mais moi, je veux continuer.
— Mais pour quoi faire ?
Mon père s'agite.
— Quel métier tu veux faire ?
— Enseigner peut-être, dis-je en tremblant.
— Tu crois qu'on va te laisser continuer à étudier sans savoir jusqu'où ni jusqu'à quand ? Hein ? Réponds.
— Non.
Les larmes montent. Je les retiens.
— Non quoi ?
— Je ne vais pas continuer longtemps.

Une larme coule. Je l'essuie d'un revers de main. Le visage de ma petite sœur Machèle me revient en tête. *Ne leur montre pas tes émotions.* Je sens la colère monter et dans un souffle :

— Je ne veux pas de cette vie-là !

— Quoi ? Pour qui tu te prends ? Tu te crois mieux que nous ? Fous le camp !

Je me lève et retourne dans ma chambre.

Le lendemain, le réveil sonne, mais je ne me lève pas. C'est la fin de ma vie estudiantine. J'ai envie de partir. J'ai envie de quitter le pays. Je m'interroge sur la raison de ma présence sur cette terre.

Je me fais vomir, je me scarifie. Je pleure beaucoup. Je renonce.

Je ne retournerai pas à la Sorbonne. L'été a passé, je ne rentrerai pas en master, je ne reverrai pas ceux que j'ai connus sur les bancs de la fac. J'ai prétexté un voyage d'un an au pays, j'ai pris mes distances tout en essayant de ne pas les inquiéter. J'ai 22 ans et je vais me marier. Avec un homme choisi par mes parents. Je ne voulais pas l'épouser, alors on m'a forcée. Dans un premier temps, on m'a demandé mon avis et j'ai répondu non. Puis on a continué à me questionner à propos de mon refus. Toujours avec un ton de plus en plus insistant, de plus en plus agressif. Entre Sosso qui venait quotidiennement pour me vendre ce mariage et tonton Alioune qui me laissait des messages vocaux sur la bonté de ce type, j'ai cru devenir folle.

Et j'ai fini par céder. J'en avais assez de tous ces appels téléphoniques, de toutes ces personnes qui me rendaient visite afin que je cède. Ils ont fêté mes fiançailles en mon absence. Ce moment fut pour moi une décapitation. Je n'étais plus qu'une chose au service des autres et bientôt au service d'un homme dont j'ignorais complètement l'existence quelques semaines auparavant. Pourquoi moi ? Parce qu'il a vu une photo de moi qu'il a beaucoup appréciée. Il l'a choisie comme on choisit un meuble dans un catalogue. La primauté est donnée aux apparences. Dès lors, je me suis mise à porter le masque d'Arlequin. Mes émotions ont disparu au profit d'un visage sans expression et de gestes automatisés. Comme il était sans papier, un week-end sur deux, ma mère m'ordonnait de me rendre au foyer SONACOTRA, où il vivait avec d'autres jeunes travailleurs émigrés. J'étais devenue un robot qui se pliait aux injonctions des autres. Je m'habillais comme ma mère, avec des vêtements traditionnels, afin qu'il voie en moi la villageoise soumise. Et il la voyait. Un après-midi, il m'a coincée dans une des chambres miteuses. Il voulait une relation sexuelle que j'ai refusée. Il m'a frappée. Je me suis plainte, mes parents ont répondu :

— Il faut prendre sur toi.

Couperet universel : prends sur toi, *a mougni, mougnou, mounieul, mounie, pren su ou, cuidate, take it and keep it to yourself*... encore et encore jusqu'à en crever.

Mes parents ont tant attendu, qu'ils ne m'écoutent plus. Il n'y a plus de temps à perdre, ils doivent penser que je cherche à me dérober encore et que je mens.

Ma mère, mon père, mes oncles et mes tantes ont donc ordonné le mariage. Eux contrôlent tout. Eux organisent ma déchéance. Eux organisent ma mort ! Ce mariage est un viol organisé.

On me lave et on me vêt d'un drap blanc. On danse, on mange, on rit... on... on... J'ai l'impression d'être morte et d'assister à mon enterrement. On me met dans un cercueil et on m'amène à lui. Je vais voir le loup. Il m'attend, assis sur le lit que l'on dit conjugal.

Il m'attrape, retire mes vêtements, monte sur moi et enfonce son sexe dans le mien. Enfin, le loup dévore sa proie tel un affamé. À chaque coup de rein, il beugle :

— Tu es à moi, tu es là pour moi, tu es à moi, tu es là pour moi…

Encore et encore… Et il a raison, je suis sa chose, je suis là pour assouvir ses instincts. La douleur est insoutenable, je le supplie d'arrêter. Mais le loup ne voit rien, n'entend rien. Enfin, il s'arrête et se retire. Un liquide visqueux sort de cette intimité qui ne m'appartient plus. Le loup s'endort avec sur le visage un grand sourire de satisfaction.

Je lui donne ce qui de toute façon ne m'appartient plus, je donne ce qui de toute façon n'existe plus. Lors de cet assaut, la douleur jaillit et ne me lâche plus. Elle se déploie et s'agrippe à la moindre paroi de ma cavité. La grotte est alors prise au piège par la Douleur et par l'Homme. Ils sont deux et n'ont pas de visage. Je suis piégée et ne peux m'enfuir. Lorsque l'Homme se retire, la Douleur s'arrête net.

J'appréhende l'heure du coucher, comme une enfant qui a peur du noir. Le loup ne me parle pas. Il rôde, guette et chasse. Jusqu'au jour où je me refuse à lui. J'en ai assez de cet éternel recommencement. Je n'en peux plus de cette douleur qui ne s'estompe pas. Elle s'intensifie à chaque rapport. Le sang qui coule systématiquement en est le signe. Mais lorsqu'on enlève sa proie à un fauve, sa sauvagerie explose. Il attaque. Il essaye par la force. Les fois précédentes, j'étais morte et donc docile. Mais à présent je me rebelle. Je bouge constamment ou je ne me couche pas. Debout, toujours debout, ou assise par terre, toujours loin du prédateur. Il finit par m'attraper et me jeter sur le lit. Je me débats. Coups de pied, coups de poing.

Mon refus a eu pour résultat des boursouflures, des traces de morsures sur mon corps et des coupures sur mon visage. Mais je fais semblant, je suis Gwynplaine, le personnage de Victor Hugo, qui a subi une incision de la bouche aux oreilles afin de figer à jamais son sourire.

Je me tourne vers mes parents, mais personne ne veut voir mes larmes.

— Il faut que tu prennes sur toi. Je suis certaine que tu as dû offenser ton mari. C'est pourquoi il t'a donné une correction.

— Tu es restée ici toute la journée, rentre chez toi maintenant.

Mes oncles s'empressent d'ajouter :

— Pour qui tu te prends pour fuir comme ça ? Ta mère, tes tantes et toutes les autres ont subi les coups de leur mari et sont restées. Toi, parce que tu as fait des études, tu te crois supérieure pour échapper à ton destin de femme ! Tu te prends pour qui ?

Sous la contrainte, je retourne chez lui. Et tout recommence.

Personne n'agit. Et comme je suis l'aînée, je dois montrer l'exemple à mes petites sœurs…

Toutes ces violences ont pourtant eu lieu en France, en région parisienne. Chez nous, les lois de la République n'entrent pas dans le foyer.

Ils ont leurs propres lois, tout tourne autour de l'honneur, comme disait Victor Hugo, dans *Les Misérables* : « M. Myriel devait subir le sort de tout nouveau venu dans une petite ville où il y a beaucoup de bouches qui parlent et fort peu de têtes qui pensent. » Je suis une paria, car j'ai dit non au mariage, je ne cède pas toujours aux assauts du loup, je dénonce ses coups. On me cache donc. Je suis devenue la chose honteuse.

Entre l'excision orchestrée par ma mère et les viols à répétition du fauve, je me meurs. Je hais de plus en plus mon corps qui m'encombre malgré sa minceur. Cette chair violentée, amputée et violée survit malgré tout. Mais ce cadavre, comme j'aime le dire, ne m'appartient pas. Je continue de me faire vomir. Assise sur le sol des toilettes, ma tête au-dessus de la cuvette, je me vide. Je récure, puis expurge mon intérieur. Je ne tolère plus aucun aliment. J'ai faim mais ne mange pas afin de ressentir le vide. Cette sensation me comble. Pour la première fois, je maîtrise mon enveloppe corporelle. Cette douleur, je la comprends, crois la maîtriser, elle me fait en quelque sorte oublier la douleur psychique, ma tristesse infinie. Cette douleur est mienne.

Je sors des toilettes et me dirige vers la salle de bains. J'ouvre le robinet et m'asperge d'eau. Mes yeux sont rouge vif. Je pleure tout en prenant ma douche. Je dois sortir. Le masque de Gwynplaine est donc de mise.

Le ciel est très sombre. Il y a du brouillard, je me faufile entre les voitures pour attraper l'autobus. Je porte le désespoir sur mes maigres épaules. Mon allure est effrayante. Une vieille jupe longue marron, un sous-pull de la même couleur et un foulard vissé sur la tête. Je m'enlaidis. C'est un appel au secours, mais personne ne l'entend. Dans la résidence Arthur Rimbaud, tout le monde est surtout préoccupé par ses problèmes d'argent. On gagne peu et on essaie de vivre comme ceux que l'on voit tous les jours à la télévision, dans les publicités et les séries qui infantilisent. On s'abrutit pour éviter de penser à des vies trop lourdes à porter.

Je me sens si seule. Si seulement Machèle était à mes côtés. Nous sommes sans nouvelles depuis plusieurs semaines... Mes parents me cachent-ils quelque chose ? Se peut-il qu'elle ait été emmenée au Mali et mariée de force ? Est-elle partie avec ce garçon ? A-t-elle, contrairement à moi, réussi à fuir sa condition ? Ni la famille ni le voisinage ne posent de questions, et personne ne daigne répondre aux miennes. Elle me manque tellement.

Iris m'a appelée. Pour prendre des nouvelles. J'avais toujours pensé que ses questions sur ma personne, mes parents, alors que nous étions à l'université, traduisaient en réalité sa condescendance, une curiosité malsaine, alors qu'elle était simplement gentille. J'ai compris au son de sa voix sur mon répondeur qu'elle était finalement la seule à s'être réellement inquiétée à mon sujet, à ne pas avoir gobé cette histoire de voyage précipité, à avoir trouvé ça louche. Iris se faisait un sang d'encre depuis des semaines. Enfin quelqu'un de bienveillant, prêt à m'écouter, à m'aider.

Iris me donna le courage de fuir, elle fut ma bouée et m'accueillit dans le studio au-dessus de chez ses parents, le temps de me retourner… J'avais 23 ans.

Je ne comprends toujours pas pourquoi nos mères qui ont été victimes à un moment donné répètent ce supplice, et en ce sens s'en prennent à leur propre progéniture.

Nos mères savent ce qu'elles font. Elles nous envoient à l'échafaud pour couper l'organe consacré au plaisir. Le plaisir pour une femme est banni.

Il n'y a pas d'un côté les victimes et de l'autre les bourreaux. Ils sont interchangeables.

Pour nos mères, le corps est au service de la communauté. Donc le corps est utilitaire, et plutôt vu comme une chose sale. Raison pour laquelle on nie son existence, même lorsque l'on souffre. Pourquoi nos mères refusent-elles de faire le lien entre les diverses souffrances qu'endurent le corps et l'excision ? Si tu as mal lors des relations sexuelles, c'est à cause de l'excision. Si tu as des complications lors de l'accouchement, c'est à cause de l'excision. Si tu as des infections, si tu as des douleurs en urinant, si tu as des problèmes d'infertilité, si tu es incontinente…

Et cessons avec les grands discours, droits de la femme, liberté de la femme. Chez nous, ça ne veut rien dire ou plutôt ça n'a aucun sens. Les associations et organismes divers devraient plutôt mettre l'accent sur l'estime de soi et faire en sorte que ces femmes rencontrent des femmes d'horizons et de conditions sociales différentes.

Nous, victimes, sommes aussi responsables. Nous nous maltraitons. Nous nous déconsidérons. Et après on demande à notre corps de jouir ! Eh non, ça ne marche pas comme ça. Il nous faut mettre des mots, parler, échanger, nommer. Accuser, condamner certes, mais à condition de ne pas perpétuer, de sortir de ce schéma, non pas seulement refuser cet acte barbare, mais plus largement repenser l'éducation des filles et des garçons.

Un de mes oncles me disait qu'il avait « subi » l'excision de sa fille. Il ne voulait pas, mais c'était arrivé malgré lui ! Arrêtons cette hypocrisie. Envoyer son enfant dans un endroit où toutes les femmes sont excisées et s'étonner qu'on l'excise !

Nos parents sont tout aussi responsables que celle qui a la lame entre les dents.

J'ai 24 ans et sors avec Henri. Je l'aime bien comme on aime un chien ou un chat. Je le vois une à deux fois par semaine, tout dépend du temps qu'Henri a à me consacrer. Je sais bien que je ne construirai pas ma vie avec lui, mais cette relation me donne l'illusion que je suis comme tout le monde : moi aussi je suis en couple.

Je suis très contente de pouvoir enfin répondre à la question : « Tu vois quelqu'un ? »

Henri me rejoint dans un café parisien. Il me regarde avec tendresse.

— Tu viens passer un week-end dans ma maison de campagne ?

— Non je ne peux pas, je suis prise.

— Je t'ai même pas dit quel week-end !

— Oui, mais je ne peux pas.

— Mais on peut y aller le week-end prochain.

— Non je ne peux pas. Est-ce que tes parents seront là ?

— Oui bien sûr, ça ne les gêne pas.

— Moi, ça me gêne.

— Mais je leur ai déjà parlé de toi.

Je ne réponds pas, je ne lui dis pas que je ne veux pas m'engager.

Nous rentrons chez lui et avons une relation sexuelle. J'ai mal, comme souvent, mais j'essaie de faire abstraction et pense à des trucs drôles – comme Iris imitant à la perfection sa mère très collet monté… Je ris.

— Pourquoi tu ris, tu te fous de moi ?

— Pas du tout.

Henri est vexé et, d'un ton agacé, me balance :

— De toute façon, t'as un problème. Tu jouis jamais. Si ça se trouve, tu as subi des attouchements lorsque tu étais petite.

Je le regarde, me lève, m'habille et quitte l'appartement. Je ne le reverrai plus.

— Installez-vous.

Je me déshabille, mais pas entièrement.

— Avec votre culotte, ça va être difficile de vous ausculter.

Je la retire.

— Détendez-vous.

C'est la première fois que je vais chez la gynécologue. Iris m'a poussée à prendre rendez-vous.

— Est-ce que vous voyez une anomalie ?

— Non.

— Est-ce que je suis comme toutes les femmes ?

— Chaque femme est différente.

— Est-ce que je suis normale ?

— La norme n'existe pas.

— J'ai subi une excision. C'est pour ça que je vous pose toutes ces questions.

— Oui, je vois qu'il y a eu une coupure.

— C'est le moins qu'on puisse dire. Est-ce qu'un non-professionnel pourrait voir ce que j'ai subi ?

— Je ne crois pas.

— Il y a plusieurs mois, un homme m'a dit qu'il savait que j'avais subi une excision, car j'avais un comportement qu'il a jugé étrange. J'ai cru qu'il avait vu.

Le médecin acquiesce.

Je me rhabille.

— Pourquoi vous ne vouliez pas me dire la vérité ?

— Je ne voulais pas vous offusquer. Je vous prie de bien vouloir m'excuser.

Les yeux du médecin s'écarquillent :

— En revanche, il y a aujourd'hui un moyen de réparer ce que vous avez subi, de retrouver votre corps.

Elle sourit, prend un post-it et dessine l'appareil génital féminin.

— Vous voyez les grandes et les petites lèvres, et le clitoris : chez vous il n'y a ni clitoris, ni petites lèvres, il n'y a plus que les grandes lèvres. Le reste a été amputé. L'opération consiste à tirer le reste de votre clitoris intérieur à l'extérieur. Vous allez pouvoir retrouver votre intégrité physique. Je vais vous donner un numéro de téléphone pour que vous puissiez contacter l'institut.

J'ai les larmes au bord des yeux.

— Je vais redevenir comme toutes les autres femmes. J'aurai des sensations, je serai une femme à part entière ?

— Ce n'est pas mécanique. La sexualité est liée à votre tête. Il y a des femmes qui n'ont subi aucune mutilation et qui n'éprouvent aucun plaisir.

J'écarquille les yeux. J'ai tellement de choses à apprendre sur le corps féminin.

Le lendemain, j'appelle l'institut.

— J'aimerais avoir des renseignements sur les opérations réparatrices des mutilations sexuelles.

— Alors, dans un premier temps, il faudrait que le médecin vous ausculte pour savoir si vous êtes opérable, puis, si tel est le cas, vous aurez plusieurs consultations avec un psychologue. Le processus dure six mois avant l'acte chirurgical, puis vous aurez de nouveau trois consultations avec une psychologue et une sexologue.

— Parfait.

— Avez-vous d'autres questions ?

— Oui. Quand pourrai-je voir le chirurgien ?

— Dans quinze jours.

Le grand jour est arrivé. J'entre dans le cabinet, me déshabille et m'allonge sur la table d'opération.

Le médecin débarque. C'est un homme. Je prends mon pull pour me cacher.

— C'est vous le médecin ?

— Oui. Retirez votre vêtement et écartez les jambes. Je vais voir si je peux vous opérer.

Mes deux jambes s'écartent difficilement.

— Ouvrez davantage.

Le médecin approche sa tête de mon sexe.

— Mmmmm, vous c'est possible. On vous a même retiré les petites lèvres.

— Si vous le dites.

— Vous serez sous anesthésie générale. Je vais couper les ligaments suspenseurs maintenant le corps du clitoris contre l'os pubien. Puis, je tirerai sur le clitoris, afin d'en faire sortir une partie à l'extérieur. J'effectuerai alors des points de suture pour le maintenir à l'extérieur et reconstruirai ainsi un néo-gland clitoridien. Voilà, rhabillez-vous !

Le médecin se dirige vers son bureau et regarde son agenda.

— J'ai de la disponibilité. Et vous ? Êtes-vous prête à suivre le processus ?

Je remets mon pantalon, la jambe droite :

— Oui je crois.

Puis la jambe gauche :

— Je ne sais pas trop. Il faut que je réfléchisse. Est-ce que ça fait mal après ?

— On donnera de quoi calmer la douleur.

— Avoir mal encore à cet endroit ! Et combien de temps met-on à se rétablir ?

— Une semaine. Je vous laisse réfléchir et téléphoner au secrétariat pour obtenir un rendez-vous.

Avant de sortir, je regarde ses mains. C'est donc elles qui me rendront ma féminité. Des mains d'homme, grandes, charnues, qui vont redonner vie à cette petite partie molle, rose et morte.

En vue de l'opération, je dois aussi me rendre à un groupe de parole de femmes ayant subi une mutilation ou une infibulation.

Une dame charmante m'accueille. Elle porte un tailleur en tweed et de jolis escarpins.

— Bienvenue madame. Installez-vous. Il y a de quoi vous restaurer sur cette table.

Je me retourne et découvre la montagne de gâteaux saupoudrés de sucre, de chocolat, de pistache, de caramel. Je les observe de loin mais ne m'approche pas. Je sors à peine de mes troubles alimentaires, mon rapport à la nourriture reste encore fragile. Je me contente d'un café sans sucre et m'assois.

D'autres femmes arrivent. Des jeunes, des moins jeunes. Des femmes habillées à l'occidentale, d'autres de manière traditionnelle africaine. J'imagine ma mère débarquer à cette réunion, mais c'est Machèle qui entre ! Je n'en crois pas mes yeux ! Je cours vers elle et l'étreins.

Avant que la réunion débute, elle m'explique en deux mots qu'elle vit toujours avec l'homme que mes parents ont rejeté et qu'elle suit une formation pour devenir coiffeuse.

— Et que fais-tu dans ce groupe de parole ?

— Il n'y a pas que toi qui veux reprendre possession de ton corps.

Je suis si fière d'elle, moi qui craignais qu'elle emprunte de mauvais chemins. Machèle la rebelle, Machèle la fugueuse aura finalement réussi à se poser et à trouver sa voie. Je suis heureuse qu'elle ait osé défier nos parents, qu'elle n'ait jamais courbé l'échine, et tellement soulagée qu'elle n'ait pas vécu le même enfer que moi, qu'elle ait trouvé un homme qui l'aime, un homme qu'elle a choisi.

Chaque participante se présente.

— Je m'appelle Maya et j'ai subi une excision.

— Je m'appelle Machèle, cela fait six mois que je n'ai pas bu une goutte d'alcool.

Les participantes rient. Je reconnais bien là ma sœur et son humour.

— Je plaisante. Je m'appelle Machèle et je suis la sœur de Maya. Moi aussi, j'ai subi une excision et je voudrais me faire opérer. On aimerait, ma sœur et moi, se faire opérer le même jour et en même temps.

Je suis touchée par ses mots. Les femmes rient tendrement.

Chacune se présente à tour de rôle, raconte son histoire, son traumatisme. L'une d'elles a même publié un livre. Je suis admirative, tandis qu'une femme dans l'assemblée semble gênée :

— Je n'aurais pas pu dévoiler une part aussi intime et porter sur la place publique le mode de vie de mes parents.

Ma sœur avec son franc-parler l'interrompt :

— C'est à cause de ta manière de penser que cette pratique continue.

— Comment ça ? Je dis juste que moi je ne pourrais pas faire ça à mes parents.

— Faire quoi ?

Le débat est vif.

— Parler d'eux ! Tout le monde va savoir ce qui se passe chez nous.

— Tout le monde se tait, tout le monde fait comme si ça n'existait pas. Alors on continue à nous traiter comme des animaux qu'on castre.

Puis Machèle se tourne vers l'écrivaine et lui demande comment sa famille a reçu le livre.

— Certains ne me parlaient plus. Je l'ai écrit lorsque j'étais très malade. J'ai failli mourir. Et c'était soit moi, soit eux. Dans les familles où l'on excise, on accepte la violence, on éduque avec une très grande brutalité. Exciser, c'est comme frapper. Pour le bien des filles. Toujours pour leur bien. On excise pour préparer au mariage. La honte et la peur des commérages dictent ce choix d'aliénation. On coupe pour ne pas être couvert d'opprobre. Ce n'est pas de l'éducation, mais bien de l'aliénation. L'objectif est de perpétuer une lignée d'individus vivant toujours de la même manière, siècle après siècle.

Machèle acquiesce.

— À l'époque, on a parlé de culture. « C'est leur culture, on ne va pas s'immiscer dans leurs traditions. On en a déjà assez fait avec la colonisation. » Tous responsables !

L'écrivaine prend une gorgée d'eau avant de poursuivre :

— L'excision est possible quand l'environnement le favorise. À l'intérieur même de ces tours HLM, on trouve une exciseuse et une voisine qui peut vous en recommander une ! D'autant que c'est la loi du silence qui règne. Les parents ne sont pas inquiétés. On vit dans un territoire qui n'est ni la France, ni le Mali, ni la Guinée, ni le Sénégal, ni la Mauritanie. C'est un *no man's land*. On ne peut pas dissocier ces deux éléments : l'environnement est à l'origine de l'excision.

Une participante ajoute :

— Moi aussi j'ai subi une excision et depuis je suis une handicapée.

— C'est-à-dire ?

— Handicapée, c'est comme ça que je me sens.

— Vous n'êtes pas handicapée.

— Si je le suis. Je ne ressens rien en moi, alors je suis handicapée du sexe.

La femme baisse la tête gênée.

— Quelqu'un d'autre veut prendre la parole ? demande Fabienne. Vous pouvez parler. Rien ne sera divulgué.

— Je m'appelle Louise et j'ai 62 ans. Suis-je une femme ?

— Oui. Pourquoi ? dit l'écrivaine.

— Je ne crois pas en être une. Suis-je une femme à part entière ?

— Oui Louise, répond Fabienne. Même si vous avez refusé de vous faire opérer.

— Mais oui ! s'écrie Maya.

Louise la regarde.

— C'est trop tard pour moi. Ma vie est derrière moi. Comment définit-on le sexe féminin ? Par le sexe bien sûr ? Est-ce bien cela ?

— Que veux-tu nous dire ?

— Mon sexe… Pardon, je rectifie : le sexe que je porte et qui leur appartient, a été dé-féminisé. Enfant, on m'a amputée du clitoris et on a pratiqué l'ablation des petites lèvres. Puis on a cousu avec du fil de soie. Cela peut se faire aussi avec du catgut ou des épines. On appelle cela l'infibulation. En revanche, on m'a laissé une toute petite ouverture pour les flux menstruels et les urines. Quelle grandeur d'âme ! Alors dites-moi : suis-je une femme ? Après on m'a lié les jambes pour que ça cicatrise. Suis-je une femme ? Je ne crois pas. Il ne me reste plus que l'enveloppe féminine. Ils m'ont laissé mes seins, car ils servent à allaiter. Par contre, le clitoris ne sert qu'à jouir. Alors, pour eux, c'est inutile. Suis-je une femme ? Malgré leur barbarie, j'ai eu quatre enfants. Ce fut une véritable torture de les mettre au monde, comme ma première relation sexuelle qui a eu lieu le jour de ma nuit de noces. Tout était collé. Il a fallu décoller. Alors, on a pris une lame de rasoir pour ouvrir. Ça saignait abondamment. Je criais, mais ma famille et ma belle-famille étaient heureuses de voir que tout était resté collé jusqu'à mes dix-huit ans.

Les femmes dans l'assistance resserrent machinalement leurs jambes.

Machèle me chuchote à l'oreille : « Tout compte fait, nous avons moins souffert que certaines femmes. »

— Mon mari me pénétra avec une grande violence. Il adorait que l'orifice soit minuscule. Alors on m'a recousue trois fois.

— L'enfoiré ! laisse échapper Machèle

Nous sommes toutes livides, choquées, tremblantes, certaines pleurent en silence.

— À chaque fois, ce fut le même procédé. Toujours avec la lame de rasoir, sauf une fois par la force de son pénis. Alors, suis-je une femme ? À la naissance de ma première fille, ma belle-famille réclamait que le rituel ait lieu. La petite fille en moi s'est réveillée et j'ai crié : « Non, non, non, non, ma fille ne subira pas cette barbarie. Non, pas ma fille, moi oui, mais pas elle. » Ces mots sont sortis avec rage. Mon mari a eu peur de ce rugissement. Et j'ai rompu cette malédiction.

— Où avez-vous trouvé la force de dire non ? demande Fabienne.

— Je l'ai trouvée dans la souffrance endurée, mais aussi à travers des lectures. J'ai réussi à remettre en cause l'éducation que j'ai reçue et j'ai commencé à regarder froidement mes parents, à prendre de la distance, à les juger. Ils sont enfin devenus mes semblables. L'ascendant s'est estompé. On a peur de reconnaître leurs erreurs. On refoule pour se protéger. On refoule pour oublier. Les parents ont toujours raison. Point. Ils savent ce qui est bon pour leur progéniture. On a étouffé mes envies, mes désirs, mes aspirations, on a nié mon identité. On m'a bâillonnée, spoliée, humiliée, déshumanisée. Mais aujourd'hui, je suis presque libérée de ce schéma éducatif.

— Pourquoi presque ?

— Parce qu'on est marqué à vie. Et qu'on doit se débrouiller avec toutes ces blessures, toutes ces cicatrices…

Les têtes se tournent vers Fabienne tandis qu'elle reprend la parole :

— Oui, c'est le propre du trauma : c'est en vous et on apprend à vivre avec. L'opération ne va pas l'effacer. Il est important que vous le compreniez, mesdames.

L'opération n'est que le début du processus de la reconstruction. Le plus gros du travail arrive après. Il va falloir également s'occuper des séquelles psychiques et déconstruire tout ce qu'on vous a mis dans la tête depuis que vous êtes petites filles. Et ça, c'est un long travail.

Maya interpelle la psychologue :

— Mais combien de temps ? Plusieurs semaines, plusieurs mois ou plusieurs années ?

C'est l'écrivaine qui lui répond :

— Une vie.

Salle de réveil. L'infirmière entre.

— Je vois que vous êtes bien réveillées. L'opération s'est bien passée pour vous deux. Vous devez vous reposer et surtout ne pas rester trop longtemps debout, sinon ça gonfle.

— Notre clitoris va devenir plus gros ? répond Machèle.

Nous rions.

On nous conduit jusqu'à notre chambre.

L'infirmière revient avec le chirurgien.

— Voici deux ordonnances avec des médicaments contre la douleur. Et la pommade à appliquer.

— À appliquer où ?

Machèle rit.

Le médecin quitte la chambre et l'infirmière reste.

— La pommade doit s'appliquer sur votre clitoris. Il faut masser et, vous verrez, vous ressentirez des sensations.

— Vous nous demandez de nous masturber ?

— Oui.

Nous rions encore.

— C'est la nouvelle médecine, dit Machèle.

— Il faut faire vivre votre clitoris, il faut donc le stimuler. Je vous invite fortement à vous regarder dans un miroir. Vous êtes belles, vous êtes belles de partout.

Je me faufile dans la salle de bains, récupère un miroir et regarde mon nouveau sexe.

— Machèle, je l'ai vu le petit bout. Il est là.

Je laisse s'écouler quelques secondes de silence avant de reprendre :

— J'ai une annonce à faire.

— Après ce qu'on vient de vivre, qu'est-ce que tu vas me révéler ? !

— C'est décidé, je pars au Québec.

— Tu vas retrouver ta Céline ?

— Je suis sérieuse. J'ai pris mon billet d'avion.

— Tu sors du bloc et tu décides de partir ! Maya tu es vraiment sérieuse ?

— Oui ! Je vais lui dire que si je suis encore vivante aujourd'hui, c'est grâce à elle.

— Chaque fois qu'on te battait, tu l'écoutais. Moi, j'avais plutôt envie de passer des chansons qui faisaient écho à ma haine.

— Pas moi. Sa voix m'apaise et je suis convaincue qu'elle m'a été envoyée.

— Par qui ?

— Par plus grand que nous. Sa voix est la preuve que Dieu existe.

Juste avant mon départ, j'ai ressenti le besoin de rendre visite à ma mère. Je n'ai plus de colère et trop de questions en suspens.

Je sonne à la porte. J'ai le cœur qui bat à toute vitesse. J'ai choisi une heure où elle est susceptible d'être là et sans enfants. Elle m'ouvre. Elle est surprise. Nous nous asseyons dans le salon. Je prends mon courage à deux mains et l'interroge sur son adolescence.

Ma mère m'explique qu'elle est restée *propre* jusqu'à son mariage et qu'elle a toujours souhaité « avec l'aide du Bon Dieu » que ses filles fassent de même. On lui a répété qu'il fallait exciser les filles sinon elles pouvaient se donner à n'importe quel homme et donc perdre leur honneur… Elle m'apprend que vers 17 ans elle a eu des jumeaux qui n'ont pas survécu, qu'elle est l'aînée de onze enfants, et que sa mère a été très sévère avec elle. Elle l'a battue, et puis à son tour ma mère nous a battus. « C'était pour votre bien. » Elle me raconte qu'elle pilait du mil dans le mortier et qu'un jour où elle avait le pied de travers, sa mère a pris le pilon et tapé sur son pied. Depuis, ses pieds restent toujours bien droits. On lui a appris à éduquer ainsi…

Il semble que j'ai déclenché chez ma mère une logorrhée : elle ne s'arrête plus de déverser son passé.

— Je me suis mariée, je n'avais pas vingt ans. J'ai découvert ton père le jour de la nuit de noces. C'était pareil pour lui aussi. À l'époque, on ne savait rien de celui ou celle qui serait notre partenaire pour la vie. Nous venions de bonnes familles avec une bonne réputation, donc pas d'inquiétude pour mes parents, c'était un honneur pour chacun d'intégrer la famille de l'autre. Nous avons quitté le village juste après notre mariage. Direction la Côte d'Ivoire. Mais comme ton père ne trouvait pas de travail stable, nous sommes partis vers le pays des Blancs en passant par la Tunisie. Puis nous avons pris le bateau pour Marseille avant de nous retrouver en région parisienne. C'était en 1955. Nous ne parlions pas français, ton père s'est *démerdé* grâce à la radio, la télévision. Je crois même qu'il a appris à écrire tout seul. D'abord, il a commencé par les chiffres, puis les lettres. Il a réussi à écrire son prénom, puis son nom. Moi j'ai bénéficié de cours d'alphabétisation, mais ton père était plus fort, dit-elle en riant. Là d'où je viens, il y avait une école, mais nous n'y allions pas beaucoup : on racontait que celui qui fréquentait ce type d'endroit perdait sa religion et donc devenait chrétien. Au moment de la décolonisation, il y avait des postes à pourvoir dans la fonction publique, or nous ne savions ni lire ni écrire, alors nous sommes partis. Quitter l'Afrique pour le monde des Blancs, quelle aventure ! Je n'avais jamais vu une personne blanche de toute ma vie. Au début, j'avais peur de ces visages pâles. Nous vivions dans un petit studio, ton père travaillait, je faisais la cuisine, le ménage et regardais la télévision. Pour la première fois, je voyais de nouveaux légumes et fruits comme les haricots verts, les radis, les concombres, les aubergines, les clémentines, les melons, les fraises, les framboises, les mûres, les asperges, les toutes petites tomates. Les tomates cerises ! Il y avait du lait, du poulet, du bœuf, beaucoup de viande, alors que chez nous on n'en mangeait qu'aux grandes occasions : mariages, enterrements. Pareil pour le riz. Maintenant, ce produit est consommé quotidiennement, mais ce n'était pas le cas à l'époque : tout était à base de mil que l'on cultivait.

Pendant onze ans, je n'ai pas revu mon village natal ni ma mère. Elle me manquait et je l'avais rarement au téléphone, la première cabine étant à plus de vingt kilomètres de chez elle. C'était vraiment difficile de vivre totalement coupée de mes racines. Sosso était ma seule amie. Et nous nous réunissions avec les cousins pour les fêtes et les grands départs. On se cotisait pour aider ceux qui voulaient rentrer au pays et j'en profitais pour donner un peu d'argent à ma mère, afin qu'elle s'achète du sucre, des céréales et quelques coupons de tissu. Entre-temps, tu es née, puis ta sœur Machèle.

Maman se tait. Je suis secouée par tout ce qu'elle vient de me raconter. Je m'étais construit une image d'elle, assez floue, une image de femme impassible, parfois sans cœur. Je n'avais pas réalisé que ma mère avait eu une vie à ce point âpre, qu'elle avait été une enfant et une jeune femme. À présent, je sais, je comprends le fardeau qu'elle porte et je ne peux plus le nier. Que faire de ses aveux ? Elle a eu le courage de me parler de femme à femme, non pas comme une mère à sa fille. Je lui sais gré de cette confiance qui me trouble.

Bouleversée, je m'apprête à repartir, je suis sur le pas de la porte quand ma mère me retient.

— Je voulais te demander pardon. Je t'ai fait du mal, mais mon histoire est très douloureuse. C'est à toi de faire ta vie maintenant. La mienne est derrière moi. Il paraît que tu vas chez Célin Dor.

— Oui, je vais vivre dans le pays de Céline Dion, lui dis-je en souriant, les larmes aux yeux.

Ma mère est une femme forte.

Remerciements

À mon grand-père de cœur Gilbert Comte.

À ma grande amie Isabelle Ducret.

À Frédérique Petit et Noëlle Bréham qui ont su me guider et m'apporter avec soin leur œil de lynx.

À Jean-Philippe Bertrand pour son engagement à mes côtés et à toute l'équipe des éditions du Rocher.

À mon éditrice Julie Daniel qui a su m'accompagner avec justesse et élégance dans cette belle aventure.

À mes premiers lecteurs et à ceux qui me rejoignent.

Achevé d'imprimer par BUSSIERE,
en décembre 2023
N° d'imprimeur: 2074849
Dépôt légal : janvier 2024

Imprimé en France